华东交通大学教材（专著）基金资助项目

U0647002

周学军◎著

基于移动互联网的
协同型绩效评价体系研究：
员工绩效层面

The Study on the Synergistic Performance Evaluation
System Basing on Mobile Internet：
the Perspective of Employee Performance

四川大学出版社

责任编辑:唐　飞
责任校对:蒋　玙
封面设计:墨创文化
责任印制:王　炜

图书在版编目(CIP)数据

基于移动互联网的协同型绩效评价体系研究：员工绩
效层面 / 周学军著. —成都：四川大学出版社，
2016.7
　　ISBN 978-7-5614-9762-3

　　Ⅰ.①基…　Ⅱ.①周…　Ⅲ.①互联网络-应用-企业

管理-人事管理-研究　Ⅳ.①F272.92-39

中国版本图书馆 CIP 数据核字（2016）第 186714 号

书名	**基于移动互联网的协同型绩效评价体系研究：员工绩效层面**
	Jiyu Yidong Hulianwang de Xietongxing Jixiao Pingjia Tixi Yanjiu：Yuangong Jixiao Cengmian

著　者	周学军	
出　版	四川大学出版社	
地　址	成都市一环路南一段 24 号 (610065)	
发　行	四川大学出版社	
书　号	ISBN 978-7-5614-9762-3	
印　刷	郫县犀浦印刷厂	
成品尺寸	148 mm×210 mm	
印　张	6.75	
字　数	186 千字	
版　次	2016 年 12 月第 1 版	
印　次	2016 年 12 月第 1 次印刷	
定　价	32.00 元	

◆读者邮购本书,请与本社发行科联系。
　电话:(028)85408408/ (028)85401670/
　(028)85408023　邮政编码:610065
◆本社图书如有印装质量问题,请
　寄回出版社调换。
◆网址:http://www.scupress.net

前　言

绩效评价是识别、衡量和提高员工绩效乃至群体绩效和组织绩效，推动企业持续发展的重要管理手段之一。绩效评价，一定程度上是解决两个最重要的人的问题：一个是组织内的人，一个是组织外的人。所以绩效评价是以驱动业绩与效能的人文属性、人文关怀、人文情感、人文精神、人文需求。工业时代的绩效评价是解决大规模生产的组织内员工付出与回报，而互联网时代的绩效评价是解决大规模定制及个性化需求的组织内员工付出与回报，当然所有的付出与回报是以绩效为依据驱动组织内的人服务好组织外的人。组织内部的不协同是创造力和绩效的最大杀手。纵向来看，上级领导和管理者容易紧紧握权不放，而员工与领导之间又容易出现责任转嫁的现象，对企业的文化伤害极大。横向来看，容易构筑企业与顾客、供应商、政府等外部利益相关方的边界墙。今天的企业与过去的企业最大的区别就在于：过去企业与客户及员工叫做利益共同体，今天的企业与客户及员工更多叫做价值共同体。因此，寻找测度组织内的人的绩效，搜索组织内的人绩效的新引擎，并持续满足组织外的人诉求并拓展服务的价值，所有这些是助推企业发展从"新常态"走向新境界的关键。而以计算机、移动通信、网络、信息技术为牵引的新经济已经成为引领企业发展的强劲拉力。企业如何利用移动互联网有效整合管理资源、畅通沟通渠道、应对大数据时代的快速信息响应、实现企业信息共享、降低成本、规避企业经营风险、发展企业自己的核心竞争力，从而使绩效评价系统各个环的关键业务信息置于"决策点"上，可以更好地强化绩效评价系统中各个子系统的互动，提升绩效评价系统的协同性，并且使绩效评价系统与企业管理的其他系统相互链接，从而跨越绩效评价管理的新边界，真正实现员工绩效与企业战略目标的动态对接，真正实现员工绩效与企业战术动态落地，这是企业面临的重要课题。基于此，本书以协同理论为理论基础，将移动互联网技术引入绩效评价系统中，对绩效评价系本身的协同及其应用协同进行了深入探讨。其主要研究内容如下：

（1）分析了绩效评价系统协同机理，依据协同学、管理学、系统学、组织行为学等相关理论，利用移动互联网技术提出移动互联网背景下的协同型绩效评价系统理论框架及运作模式，并提出了绩效评价系统内部协同与绩效评价系统应用协同等两种不同的协同运作模式。

（2）在已有基于移动互联网的协同型绩效评价系统研究成果的基础上，对基于移动互联网的绩效评价的内涵、特性及内容进行了归纳，并阐述了绩效评价的层次及协同型绩效评价系统的特征，重点分析了基于移动互联网的协同型绩效评价系统的影响因素，展望了协同型绩效评价系统的实施。

（3）运用关键相关因素理论与方法对影响协同型绩效评价系统的关键因素进行了分析，并构建了影响协同型绩效评价系统的指标系统，然后运用结构方程模型方法对基于移动互联网的协同型绩效评价系统关键因素进行了分析与识别。

（4）构建了基于移动互联网的协同型绩效评价系统，并选取了JL公司对该评价系统进行了运行测试，验证了该评价系统的协同效果，同时总结归纳了本书研究的不足，为下一步研究工作的开展指明了方向。

编　者
2016 年 4 月

目　录

第 1 章 绪论

1.1 研究的背景与研究意义

1.1.1 研究的背景

随着 4G、LTE 等移动通信网络的发展，智能终端的普及，以及基于移动互联网的内容和应用日益增多，移动互联网近年来呈现出爆发式增长的局面。移动互联网使经济全球化、管理信息化、区域无缝化、服务零距离化、表达人性化，它不仅改变着人们的生活、沟通、娱乐休闲乃至消费方式，更深远地影响着数十亿人的生活方式，也改变着企业制造产品和提供服务的商业模式，猛烈地冲击着经济领域的每一个实体。所有这些不仅是经济、管理、信息、地区、文化的简单升级，也是商品、服务和资本的跨国自由流动，更是新产品、新文化和新服务的持续创新。因此，企业要想在激烈的市场竞争中生存和取胜，获得全球化竞争优势，就不仅要直面国内外竞争对手，还必须考虑自身在全球价值链中的位置，更多的还要在全球范围内进行产业整合、管理整合和人才整合，这些就必然导致企业绩效管理系统的协作与革新。著名的管理大师德鲁克说："如果你不能正确地评价，你就无法正确地管理。"绩效评价，作为一项有效的企业监管制度和管理系统，不仅是企业进行自我监督、自我约束的重要手段，而且已成为新的竞争环境下企业实施战略管理的新的管理工具。[①] 它极大地推动了我国企业的发展及管理的创新，但随着信息技术的高速发展，企业的竞争环境、组织结构、管理模式、顾客需求等都在发生深刻的变化，原有的绩效评价系统已明显不适应信息时代企业经营管理和竞争环境的需要，作为管理控制系统重要组成部分的绩效评价系统也应随之进行适应性调整。在企业绩效评价系统的打造过程中，我国企业不同程度地存在着绩效评价不系统、不协作、不融合、不兼容、不经济、不生态等现象，从而导致企业战略不明确、企业文化不准确、工作分析缺失、人与岗位不匹配、招聘方式单一、合作缺乏、认同感缺少、激励与需求不吻合等问题，这大大影响了企业管理效率与管理的可持续发展。

　　绩效评价是一把"双刃剑"，协同型绩效评价系统能极大地激发员工的热情、提高客户的满意度、提升企业文化的活力、促进企业的持续发展；而绩效评价体系板块化必然割裂了绩效体系各个单元网络的信息，并且难以及时反馈到各个单元，绩效体系就不可能因变化而变化，那样的绩效体系不仅不能达成企业管理的目标，还会给员工、客户带来更多的负能量。随着企业竞争的加剧，企业越来越注重苦练内功，深化绩效评价系统建设。如何使绩效评价系统更加高效、合理、科学，既是专家、学者、企业管理者、员工等热切关注的问题，也是利益格局分配与战略导向的重要指示。移动互联网给绩效评价的优化与协同提供了非常好的路径与平台，云计算与 HTML5 的兴起，为构建信息应用层、信息服务层和信息基础设施层等这种更加开放的新型生态系统奠定了技术基础。云计算模式将应用的"计算"从终端转移到服务器端，复杂的运算交由云端（服务器端）处理，从而弱化对移动终端设备的处理需求，使得终

---

　　① 财政部统计评价司. 企业效绩评价问答［M］. 北京：经济科学出版社，1999：1—3.

端转而主要承担与用户交互的功能。传统的移动互联网技术实现互联网内容的跨终端平台访问，下一代移动互联网标准 HTML5 正促使移动互联网由内容平台向统一的应用平台转变。如何通过植入移动互联网技术有效地整合企业内部资源、外部资源，并且协同评价系统的各个环节，真实指向企业战略目标，再现员工的工作状态、工作特征、工作行为、工作结果等，已经成为企业提升核心竞争力的关键因素。

基于此，本书以协同型绩效评价系统为主题，以移动互联网为技术载体，以员工层面的绩效为研究对象，以整合绩效评价系统的效率为切入点，构建科学、合理、可以操作的协同型绩效评价系统，为增强绩效评价系统的效度，提升企业的竞争优势，推动企业快速、持续、健康发展提供借鉴。

1.1.2 研究意义

随着企业竞争的加剧，绩效管理越来越成为提升企业优势的推动器，企业也越来越热衷于加强绩效评价，但绩效评价不尽如人意，于是，无论是专家、学者，还是企业各个层面的员工，乃至社会公众及企业的客户、供应商等都越来越关注绩效评价系统的研究、实施。虽然各个维度的人员都在呼唤绩效评价理论丰富、实践发展，但关于绩效评价系统的理论相对来说依然不系统、不协调、不完备，尤其是没有在中国文化、经济、政治、环境等大背景下，没有在中国企业制度背景下，没有在中国人工作情境下，没有根据我国企业管理的特征、绩效评价系统的运用现状去形成符合中国企业特色的绩效评价系统的理论。因此，侧重以理论为指导、以实际为依托，借用移动互联网这一现代元素去整合绩效评价的各个环节资源，使绩效评价系统理论更加系统、完整、契合，具有重要的理论意义。同时，在深入绩效评价系统理论研究的基础上，着力打造可以实践操作的绩效评价系统，力求在绩效评价技术层面进行突破，使绩效评价系统理论得以升华，无疑具有巨大的实践指导意义。

目前，企业绩效评价环节都更多地致力于绩效评价指标系统的构建。毫无疑问，绩效评价指标系统是实现绩效评价公正、公平、合理、透明的关键因素，但绩效评价指标系统大多数没有根据组织阶段目标、员工工作综合表现、客户及供应商等需求，以及员工的需求满足度的动态变化等做出相应的调整，那么原本科学的指标系统也会因为绩效、需求、满意度、满足度等的时滞性反映而导致绩效评价指标系统科学性的流失。评价主体是实现绩效评价的操作者，企业制度的规范性、企业文化的深入程度、人情世故的根基、评价主体的偏好等诸多因素都可能影响绩效评价的真实性，从而使绩效与员工的实际特质、行为、结果相差甚远，不利于员工积极性的发挥，不利于激励制度的实施，不利于企业决策的执行与调整，不利于企业绩效管理目标的实现。

在现有的绩效评价系统研究中，对个人、团队、组织、战略、文化层面及绩效评价的单个模块如何操作和优化的研究很多，对移动互联网层面的研究尚未展开，只有部分对绩效管理系统化进行了分析研究，对移动互联网背景下的绩效评价系统的总体打造及形成机制缺乏必要的了解。为了更好地完善企业的人力资源管理系统、整合企业发展机制、优化管理环境，实现以绩效评价的效率化、资源优化、程序合理化、制度人性化为协作的人力资源管理系统创新为驱动的发展新模式，本项目将在理论研究与实证分析的基础上，借鉴对个人、团队、组织、战略、文化层面的绩效管理系统的研究，构建移动互联网背景下的协同型绩效评价系统的分析框架。首先对企业相关人员进行调查，结合他们企业所在绩效评价相关数据，通过硬件设备、网络、移动互联网建站和数据库技术等绩效评价实施的基本条件与绩效评价系统对接，并采用 MySQL 数据库对绩效评价系统进行研发，寻找出影响协同型绩效评价系统的关键因素，提出与其他业务系统能互通互联、方便对接的协同型绩效评价系统，将对更新绩效评价观念、优化企业绩效评价机制、增强对企业绩效评价针对性使用与个性化管理、推动企业绩效评价良性发展具有重要的理论和现实意义。

1.2 研究目标、内容与方法

1.2.1 研究目标

本书研究的核心是以绩效评价理论为主线植入移动互联网技术，从员工绩效的层面构建协同型的绩效评价系统，为实现员工层面的绩效考评提供理论支持与实践操作的可能。研究的目标如下：第一，梳理影响协同型绩效评价系统的关键因素。协同型绩效评价系统不仅受组织战略目标、组织计划沟通与分解、企业文化、管理者的风格等因素的影响，也受所在行业、区域、员工素质、管理制度、评价主体客户对企业的认同感与责任感等诸多因素的影响。本书从影响协同型绩效评价的诸多因素中梳理出影响协同型绩效评价系统的关键因素，研究的重点是建立公正、公平、透明的员工绩效评价模型。第二，构建协同型绩效评价模型，即基于企业战略目标，从绩效评价理论出发，以企业文化为基石，以员工岗位为基点，通过对影响绩效评价的关键因素进行归纳与筛选，并借助移动互联网技术，给评价主体带来绩效观察与发现的便利，给客户、供应商及社会公众等带来被评价者对他们作用力感受与效果的反映途径，给被评价者带来真实反映自己行为、特征、结果与态度等结合影响协同型绩效评价系统的关键因素，构建提升企业核心竞争力的协同型绩效评价系统模型。第三，构建基于移动互联网的协同型绩效评价系统模块，使用浏览器的操作方式，方便内部员工与外部客户端对绩效评价进行信息的切入，突破绩效评价的封闭式操作与绩效各个环节的时滞性，使评价主体、被评价者、同事、管理者、客户、供应商及社会公众等突破时间、空间、地域的限制，真实反映被评价者的行为、结果、特征等，并使绩效评价系统可以动态调整，从而使绩效评价系统的各个环节在动态中攫取信息、在管理中发现问题、在监督中制衡权力的滥用，实现绩效评价系统协同、评价真实、运行有效、反馈畅通、监督严谨，从而有效地再现员工真实的工作状态与工作业绩，科学地透视出企业绩效运转状态。

1.2.2　研究内容

本书共分为 7 章，各章主要研究内容如下：

第 1 章，绪论。主要阐述了本书研究的背景、目的及意义，研究内容、方法和技术路线；回顾了基于移动互联网的协同型绩效评价系统的国内外研究现状；描述了本书的研究路径与内容，并初步说明了本书的主要贡献与未来研究方向。

第 2 章，相关理论及文献综述。主要梳理了本书研究所涉及的理论基础，包括绩效、绩效评价与基于移动互联网的定义，绩效评价理论、协同管理理论、绩效评价的经济学理论、绩效评价的行为科学理论、战略管理理论，并归纳了上述理论的交叉研究应用现状。

第 3 章，基于移动互联网的协同型绩效评价系统分析。在已有基于移动互联网的协同型绩效评价系统研究成果的基础上，对绩效评价的内涵、特性及内容进行了归纳，并阐述了绩效评价的层次及协同型绩效评价系统的特征，重点分析了基于移动互联网的协同型绩效评价系统的影响因素，展望了协同型绩效评价的实施。

第 4 章，影响基于移动互联网的协同型绩效评价系关键因素分析。首先对关键因素相关理论与方法进行了梳理，并构建了影响基于移动互联网的协同型绩效评价系统的指标系统，然后运用结构方程模型方法对基于移动互联网的协同型绩效评价系统关键因素进行分析与识别。

第 5 章，基于移动互联网的协同型绩效评价系统构建。本书从两个层面构建了协同型绩效评价系统：一是绩效评价系统本身的协同；二是绩效评价系统与绩效结果应用的协同。在归纳前人对协同型理论、协同管理、移动互联网对绩效管理的变革、协同型绩效评价系统研究成果的基础上，承接第 4 章协同型绩效评价系统关键因素的识别，构建基于移动互联网的协同型绩效评价系统。

第 6 章，基于移动互联网的协同型绩效评价系统运行。首先介绍了我国锦纶行业中某特大型上市公司（简称 JL 公司）企业情况及销售人员、生产类人员、非生产类人员、一般管理人员、中层及以上管理人员等公司现有绩效评价与管理，然后利用本书中构建的协同型绩效评价系统对该公司的员工进行了绩效评价系统的运行检验。

第 7 章，结论与建议。给出本书研究结论，并对构建基于移动互联网的协同型绩效评价系统提出了对应的建议。

1.2.3　研究方法

1.2.3.1　文献研究法

协同型绩效评价系统涉及社会学、经济学、会计学、管理学、人力资源管理学等学科的管理科学中的交叉分支，系统论、统计学、目标管理、行为科学思想等都是本书的理论基础。围绕着基于移动互联网的协同型绩效评价系统研究主题对文献进行收集、整理、归纳、分析，并确定本书的研究方向、思路、技术路线及研究框架。

1.2.3.2　调查研究法

通过对江西省高新开发区内的人力资源部门专员及管理人员、技术工程人员进行问卷调查，获得原始资料，使本书的内容更真实、更可信、更有操作性及说服力。

1.2.3.3 系统分析法

绩效评价系统本身就是一个系统工程，对其各个单元元素进行综合分析，论述了其特征、演化，进行耗散结构分析，并在此基础上从绩效评价系统控制、信息安全、操作便利、信息通畅、信息链接等方面构建了协同型绩效评价信息循环模型，这为解决基于移动互联网的协同型绩效评价问题提供了科学决策依据。

1.2.3.4 实证研究法

坚持规范研究与实证研究相结合的研究原则，结合问卷调查，构建影响基于移动互联的协同型绩效评价系统的指标系统，用SEM（结构方程模型）分析，找出了影响基于移动互联网的协同型绩效评价系统的关键因素。

1.2.3.5 案例分析法

选择国内，乃至亚洲锦纶制造行业龙头企业对本书构建的基于移动互联网的协同型绩效评价系统进行测试，具有较好的典型性与代表性，具有重要的研究意义。

1.3　技术路线

本书将沿着以下技术路线开展研究：

第一，国内外绩效评价系统、绩效评价、协同理论及移动互联网相关理论、需求方式、指标及其测度量表的整理收集，在此文献查阅及理论演绎与归纳基础上，设计出移动互联网下协同型绩效评价系统的指标系统和测量量表问卷。问卷中潜变量值的收集，将李克特七级量表进行测量。召开专家研讨会，邀请有关专家、学者、企业家、管理部门代表等参加研讨，决定指标系统和问卷是否达到目的，结合初步调查结果进行调整修订。

第二，系统观测与数据收集。采用抽样调查的方式，派出调查小分队，在企业的协助下，利用现场问答及邮件的方式对江西、上海、浙江、广东等地的企业及企业关联的客户进行调查；对回收问卷进行整理、汇总，保留有效问卷，并对数据进行初步统计。

第三，实证分析和分类研究。①采用相关函数进行两两变量之间的相关度分析，了解变量间是线性还是非线性相关；②利用多层次、非线性结构方程模型建模，并在验证模型的有效性后，明确内生变量、外生变量、显变量和潜变量，得到影响移动互联网下协同型绩效评价系统形成的关键因素及其因果反馈路径图，计算各个潜变量的数值，分析影响绩效评价系统的关键因素如何发生交互作用，并对绩效评价方式进行研究；③选择企业进行结构方程模型的实证，比较机构、行业、规模绩效评价系统之间的不同。

第四，案例研究。基于结构方程模型的关键变量及方程，采用多元非线性方程拟合方式进行协助调整，构建了基于移动互联网的协同型绩效评价系统模型，并选择了某大型企业进行了运行，总结绩效评价系统在运行过程中的成效和不足。分别从宏观、微观两个层面提出协同型绩效评价的决策依据及政策建议。

第五，撰写本书，修改完善本书，定稿送审、推荐使用，出版。

本书相应的技术路线如图 1-1 所示。

1.4　创新点

"基于移动互联网的协同型绩效评价系统研究"的国内外相关研究虽然已有一定基础，但已有研究工具基本上是描述性说明，或者仅仅局限于绩效评价的影响因素及具体改进绩效评价各个模块的技术分析，不足以指导我国绩效评价成为系统性及应对移动互联网

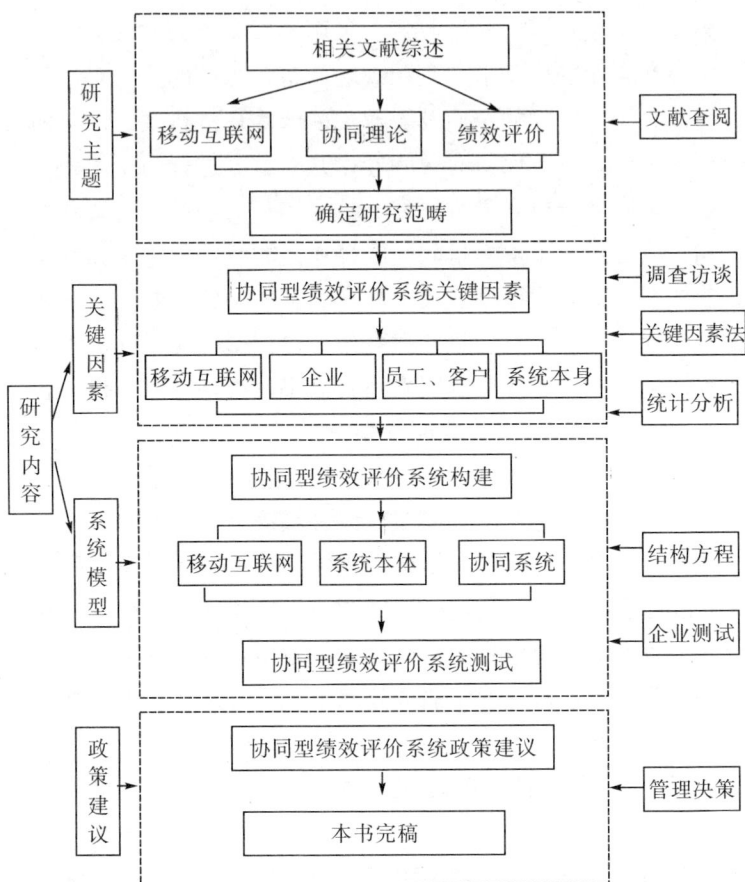

图 1－1　本书技术路线

时代人力资源的方式变化。随着人力资源争夺战的升级及绩效评价研究领域和研究工具的拓宽，本项目的研究将运用协同理论、生物生态学、系统动力学、统计调查方法、心理学及计算机仿真等理论和方法来深入研究绩效评价发展机制，具有独特的特色。具体表现在以下几个方面：

（1）方法应用的创新。之前专家学者的研究一般是用问卷调查、访谈、观察等方法，本书不仅使用了这些方法，还运用了结构方程的方法对统计数据进行了分析，进一步完善了挖掘绩效评价内在和外在形成机制的研究工具，刻画了人力资源发展与人力资源自身、绩效评价功能、绩效评价系统之间的因果反馈路径，实现了以量化形式系统分析绩效评价系统发展机制，拓宽了绩效评价系统研究方法的思路，从而促进了理论研究的深入。

（2）协同型绩效评价指标体系的创新。对影响基于移动互联网的协同型绩效评价系统因素进行了深入系统的分析，寻找出了影响协同型绩效评价系统的关键因素：首先是评价主体，其次是目标评价体系、评估与反馈，企业文化等影响评价系统优劣的传统性因素，并构建了新的基于移动互联网的协同型绩效评价系统及指标体系。

（3）研究视角的创新。虽然专家学者对绩效评价系统的研究不少，研究成果也比较丰厚，但从移动互联网的视角突破了绩效评价的时空变化而将移动互联网技术与协调理论运用于绩效评价系统中，并构建了基于移动互联网视角的协同型绩效评价系统模型，进而在企业进行了运行测试。这样的研究目前是没有的，这无疑从理论上与实践方面丰富了绩效评价系统的研究。

1.5   本书的不足之处

（1）协同型绩效评价体系包含协同论、系统论、协同理论、移动互联网、生物生态学理论、心理学、管理学、经济学、信息学、行为科学等多学科理论，并有很强的实践技能元素。本书虽然从多学科的角度对其进行了系统研究，并尝试运用关键因素、结构方程、比较分析等方法进行了探索，在体系的设计与实现上，运用面向对象方法，在关注影响协同型绩效评价体系的关键因素的基础上，也注重了信息平台的安全性及用户操作的便利性，并从移动互联网的视角去构建了协同型信息系统框架、功能模块、数据库处理，同时也通过选取 JL 公司对本书构建的移动互联网背景下的协同型绩效评价体系进行了实证，但因为行业性质不同、行业规模不同、企业文化不同、移动互联网的覆盖面不同等，协同型绩效评价体系模型效果可能会有差别，因此很多结果不具有一般性，研究还需要推广，模型也需要对更多企业进行进一步运行验证。

（2）绩效评价体系是一个由若干相互作用的因素组成的复杂大系统，具有动态行为特征的复杂的非线性系统。组成该系统的各个子系统以及子系统的各元素之间往往具有难以测度的相互依赖关系，作为一个动态的复杂系统，其基本结构和运行机理需要不断地进行深入探讨和研究。随着对员工绩效考核认识的不断深入和对反馈信息的不断吸收，不仅需要对现有成果进行扩充，还需要用系统动力学、计算机仿真机未来出现的一些前沿方法去探索协同型绩效评价模型的系统性、严谨性、合理性，并进一步研究建立系统动力学仿真模型。

（3）本书侧重对绩效评价体系序参量的协同性进行研究，虽然也涉及绩效评价体系序参量与绩效评价体系的应用序参量，但没有深入研究这两个序参量是如何协同的。当然，对于多个序参量如何在动态中协同更没有涉及，而事实上，研究多个序参量之间的动态协同难度肯定会更大，控制过程更复杂，这也是需要在下一步深入研究的重要内容。

第 2 章　相关理论及文献综述

2.1　协同理论的含义及特征

2.1.1　协同理论的含义

　　1971 年，德国物理学家赫尔曼·哈肯提出了协同的概念。协同不仅包括人与人之间的协作，也包括不同系统之间、不同数据资源之间、不同终端设备之间、人与机器之间的相互影响，表现了元素在整体发展过程中协调和合作的属性。协同就是企业通过各业务单元的相互协作，使企业整体价值大于各独立组成部分价值的简单加总，表达了"1+1＞2"的理念，即企业整体价值大于企业各独立组成部分价值的简单加总。哈肯认为，协同学研究系统从无序到有序转变的规律和特征，是一门跨越自然科学和社会科学的横断科学。它研究系统中各子系统之间怎样合作以产生宏观尺度上的空间结构、时间结构或功能结构。它既处理确定问题又处理随机过程。这里所说的空间结构、时间结构或功能结构就是"自组织"。协同学处理由许多子系统组成的系统，不同系统的子系统可以是性质十分不同的，特别是当这些结构以自组织的方式出现时。协同学研究这些自组织过程的原理，而不研究子系统的具体性质。在解释什么是"自组织"时，哈肯以一群工人为例，说明了"组织"与"自组织"的本质区别。比如说有一群工人，如果每个工人在工头发出的外部命令下按完全确定的方式行动，我们称之为"组织"，或严格地说，是有组织的行为。显然经过这样调整后的行为会导致生产某种产品的联合行动。如果没有外部命令，而是靠某种相互默契，工人们协同工作，各尽其责来生产产品，我们把这种过程称为"自组织"。因此，自组织是指在没有外界因素的驱使下，开放式（与环境有物质、能量和信息交换的）系统在其子系统或元素间的合作下自发出现新的宏观（整体）尺度上时间、空间或功能有序新结构的现象。

Millston、Roberts（1992）定义协同作用就是一个组织的活动得到了更多的收益，并能以此来从事其他相关的活动，是通过一定的途径和方法使协同增效的结果发生。协同导致事物共同朝积极方向前进和发展，此时事物间表现出协同性。协同论由之初的在物理、生物学科的应用逐渐扩展到多学科，在天文学、经济学、管理学、社会科学等领域取得了不小的成果。自从协同理论引入企业管理领域，协同理论就成为企业管理战略的理论基础和重要依据。协同应该超越具体的业务、组织和模式，摆脱实际应用的局限，成为企业的一种文化和精神。但是协同理论还不成熟，应用方面也主要是定性分析，处理方法也不合适，这是协同理论需要发展的地方。协同理论是系统理论的发展，为研究问题提供了新的思维方式。研究协同性的理论就发展成了协同理论。协同理论的内容包括以下三个方面。

2.1.1.1 协同效应

协同效应，简单说就是"1+1＞2"的效应，是由于协同作用产生的结果，是复杂开放系统中大量子系统相互作用而产生的整体效应。对于自然系统或社会系统而言，都会存在协同作用。协同效应是系统自发的从初始的无序到有序稳定的状态。协同说明了系统自组织的观点。

协同效应分为外部协同效应和内部协同效应。应用到企业管理学中，外部协同是行业群中企业之间相互共享资源和管理模式，这会比单个企业取得更高的效率。内部协同是企业内部在运营的各个环节共同利用同一资源而产生的整体效应。

在企业中，最常见的协同效应有管理协同效应、经营协同效应和财务协同效应。这里主要介绍管理协同效应（Management Synergies）。管理协同效应是指管理效率不同的两个企业，管理效率低的企业经过管理效率高的企业协同后，管理效率低的企业效率提高的一种效应。安德鲁·坎贝尔等在 2000 年《战略协同》一书中提出的协同效应就是公司的闲置资源或者隐性资源用到公司其他部分产生收益这样一种效应。蒂姆·欣德尔在 2004 年总结了坎贝尔等关于协同效应的实现方式，他认为，企业通过技能、资源、战略等方式的共享实现协同效应。

综上所述，协同效应是企业通过自身各方面的共享，实现收益的增加效应。这是企业内的协同效应。协同效应实现企业效益的增加，是企业通过自身的组织管理协调的结果。

2.1.1.2 伺服原理

伺服原理是指快变量服从慢变量，慢变量起主导作用，系统在接近不稳定或临界点时，系统的动力学、突现结构以及其他变量的行为由序参量决定。慢变量或者说序参量起主导作用。

2.1.1.3 自组织原理

自组织原理是指一个系统与外界有物质和能量的交换，会自动组织成比以前更复杂、更完善的新系统。自组织具有内生性和自生性特点。在没有外部指令条件下，内部子系统按照某种规则，即协同作用，自动形成一定的有序的结构和功能。所以说，协同效应实际上是一种自组织原理的应用。

协同理论的自组织原理主要用来解释系统从无序向有序变化的过程，实质就是系统内自组织的过程，协同是自组织的形式和手段。但是自组织实现是需要条件的：第一，管理系统是开放的，管理系统需要与外界进行一种信息的传递与交流；第二，各子系统是非线性相关的，子系统间要完成协作性工作。

2.1.2　协同理论的特征

协同理论是属于系统科学的理论，同时也属于自组织理论的范畴。协同理论具有普适性的特征，即协同理论不仅适用于无生命的自然界也适用于有生命的自然界，从物理学领域到化学领域再到经济学领域，具有各种协同效应问题。协同理论的普适性特征对各个学科和领域都具有研究作用，已经形成了各学科与协同学的交叉理论。

因此，把协同理论引进管理学中，对于管理这个大系统来说，协同效应是存在的。如何把协同效应应用到理论研究和实际管理过程中，不管是对协同理论的发展还是对管理学及其下二级学科的发展都具有重要意义。

2.2　绩效评价系统研究

胡君辰、宋源（2008）认为，绩效评价系统是指一系列与绩效评价相关的评价制度、评价指标系统、评价方法、评价标准以及评价机构等形成的有机整体。王孟龙、周咏梅（2013）认为，绩效考核系统是由一组既独立又相互关联，并能较完整地表达评价要求的以实际业绩效果为考核评价依据的价值衡量系统。绩效考核系统的建立，有利于评价员工工作状况，既是进行员工考核工作的基础，也是保证考核结果准确、合理的重要因素。绩效评价系统属于企业管理控制系统的一部分，它与各种行为控制系统、人事控制系统共同构成企业管理控制系统。企业的管理控制系统是企业战略目标实现的重要保障。由于每个企业战略具有其特殊性，所以有效的绩效评价系统在各企业的表现各不相同。一般来说，对企业绩效的评价应具有下述几个环节：第一，明确绩效评价的目标和要求；第二，设置评价标准；第三，确定绩效评价指标系统；第四，分析影响绩效的有关因素，得出绩效评价结论。

Choi 和 Mueller（2001）认为，一个设计合理的绩效评价系统可以使高层管理者：第一，判断现有经营活动的获利性；第二，发现尚未控制的领域；第三，有效地配置公司有限的资源；第四，评价管理绩效。赵琳（2003）认为，企业绩效评价系统的作用主要体现在以下几个方面：第一，有利于正确引导企业的经营行为。企业绩效评价包括企业获利能力、基础管理、资本运营、经营风险、长期发展能力、产品、服务质量、顾客满意及研究与开发（R&D）水平等多方面的内容评价，可以全面、系统地剖析影响企业生产经营和发展的问题，全方位地判断企业的真实状况。第二，有利于加强对经营者业绩的考核。开展绩效评价，可以对经营者的业绩进行全面、正确的评价，为组织、人力资源部门进行经营者的业绩考核、选择、奖惩和任免提供充分的依据，有利于经理等管理层的优胜劣汰，推动我国职业经理人队伍的建设。第三，有利于增强企业的形象意识，提高竞争实力。对企业实施绩效评价，并提供和发布评价结果，按规定将企业的有关情况提交给有关方面参考或公之于众，这一方面可以强化对企业的外部监督和社会监督，另一方面也使企业更加注重改善其市场形象，有助于提高企业的市场竞争力。

2.3　协同型绩效评价系统研究

王晓波、柳杨（2010）提出人力资源管理系统协同性，就是指组织协调内部人与人的关系，实现人力资源在组织中的最优配置，从而使组织获得卓越竞争优势和实现卓越绩效的能力程度。协同性用来衡量人力资源管理研究工作与实践操作的聚合、松散程度。王晓波（2012）提出人力资源管理系统的协同作用能够使人力资源管理者更好地了解和评估人力资源管理系统对组织绩效的影响。组织是通过处理好系统内部开发协同、管理协同、保障协同和发展协同的关系，从而实现人力资源管理职能的交互协同，发挥了人力资源管理系统的协同性，实现了卓越绩效。

综上所述，协同理论基于人力资源管理理论层面的研究成果，由于绩效评价系统属于人力资源管理大系统，所以这些研究成果对于研究协同型绩效评价理论具有重要参考价值。

总之，绩效评价系统的协同性分为内部协同性与外部协同性。内部协同是绩效评价系统每个元素之间的协同，而外部协同是绩效评价系统与人力资源管理其他系统之间的协同。此外，影响绩效评价的外部因素和内部因素之间的协同也是决定绩效评价工作成败的关键。

2.4　员工协同型绩效评价系统研究

员工绩效评价是企业管理的重要工作之一，对员工绩效评价的研究伴随着资本主义工业生产的发展、工厂制度的出现、机器大工业生产逐步代替手工业生产、大规模的协作劳动成为基本劳动形态而产生，并且随着企业管理实践的发展而发展。在 19 世纪早期，罗伯特·欧文（Robert Owens）最早将绩效评价运用于其棉纺厂中，他使用四种颜色（白、黄、蓝、黑）的木块标志不同程度的劳动成绩，因此被誉为人事管理之父①。

从学术领域来看，一般认为，对员工绩效评价系统的研究以 1980 年兰迪（Landy）和法尔（Farr）发表的"绩效评定"一文作为分界点②，将绩效评价系统的研究分为两个阶段：1980 年之前，绩效评价系统的研究关注由员工带来的产出和结果，研究主要集中于开发信度高、效度高的评定量表，通过培训评价者来提高其在绩效评价中的观察技能，减少评定误差；1980 年之后，对绩效评价系统的研究重心转向对评价过程、评价所处内外环境的研究，注重评价者的认知加工过程、评价精度以及对绩效本身结构的探讨等方面，并提出了绩效管理的理念。

王君华（2006）建立了企业集团协同管理绩效评价模型，在实证分析的基础上构建企业集团协同管理绩效评价的理论模型，以经营者为评价对象的企业集团协同管理绩效考核，据此模型分析的指标因素进行分解，然后得出企业集团协同前后的经营绩效的不同等级③。张翠华、周红、赵淼、常广庶（2006）等选择了 23 个供应链协同评价指标，建立协同绩效评价指标系统，进行了实证研究，验证了评价指标系统的可行性和模糊综合评价方法的可操作性④。解裙鸣（2008）分析了企业集团的协同问题，提出了由集团总部协同业绩评价、业务单元协同业绩评价、支持单元协同业绩评价和作业层的业绩评价构成的一套业绩评价系统。王新华、孙智慧、赵琰（2009）从组织结构、业务关联度、管理者素质和企业内部机制四

---

①　方振邦，鲍春雷. 绩效管理工具的发展演变 [J]. 理论界，2010（4）：204－206.

②　邓倩. 知识型员工绩效考核研究 [D]. 天津：天津大学，2006.

③　王君华. 企业集团协同管理绩效评价模型 [J]. 统计与决策，2006（21）.

④　张翠华，周红，赵淼，等. 供应链协同绩效评价及其应用 [J]. 东北大学学报，2006（6）.

个方面，建立了企业组织内部各部门之间协同性评价指标系统[1]。冯博、索玮岚、樊治平（2012）等针对服务制造网络伙伴协同绩效评价问题中指标之间具有关联性的特点，给出了一种考虑多指标模糊关联的评价方法[2]：首先，构建了服务制造网络伙伴协同绩效评价的框架和指标系统；然后，通过将模糊语言信息处理，获得交互性协同和互补性协同两个维度的评价结果。

分析目前员工协同型绩效评价系统的研究成果，可以发现主要存在三大问题：第一是局部协同的研究比较多，而全面协同的研究相对较少；第二是对员工协同型绩效评价系统的研究较少，仅有的研究也只限于对供应链的评价，没有从协同的角度对员工绩效评价系统进行研究；第三是国外的实证研究很多，而国内目前大部分关于协同的研究还处于定性研究和较浅层次的描述上。

2.5 基于移动互联网的协同型绩效评价系统研究

伴随着网络、技术、业务和手机终端等的融合，移动互联网呈现出快速发展的态势，使得绩效管理这一重要的人力资源管理职能也开始走向网络化。越来越多的企业利用内部网络进行绩效评价，不仅主管可以很快看到每个来自各地的下属定期递交的工作反馈，员工考核及述职也在网络中实现。在线评估系统实时录入公司所有员工的评估资料，其强大的处理功能将出具各种分析报告，为公司的管理决策及时提供依据。这样的方式不仅有利于方便快捷地实现考核，更重要的是增强员工对绩效考核的认同，提高员工对企业的

---

① 王新华，孙智慧，赵琰. 企业组织内部协同性评价指标体系的建立与分析 [J]. 山东科技大学学报（社会科学版），2009（1）.

② 冯博，索玮岚，樊治平. 考虑多指标模糊关联的服务制造网络协同绩效评价方法 [J]. 中国管理科学，2012（4）.

忠诚度。以互联网为依托的信息时代，信息系统的高度发达和高科技信息技术的应用使得绩效评价越来越关注非财务指标评价、过程适时评价、无形业绩评价、顾客导向评价等。

整理学者现有的研究成果可以发现，其研究侧重点各有不同，但主要集中在对绩效评价对象的研究、对企业绩效评价理论系统的研究、对绩效评价方法的研究等方面，对协同型绩效评价系统的研究较少，对绩效评价系统的整合、构建、应用的研究比较少，而对移动互联网下绩效评价系统的研究更为稀缺。关于基于移动互联网的协同型绩效评价系统研究大致如下。

2.5.1 系统可以降低员工工作成本

通过在线方式取得相关信息，达到信息共享和自助式服务的目的，并节省了相关费用与时间（Noe，Hollenbeck，Gerhart 和 Wright，2008）；韩春华（2007）认为，通过信息技术的大量采用，对绩效评价指标的计量与反馈，向管理人员显示出目标的完成情况，以迅速采取有效的改进措施，可以改进和强化企业物资流、资金流、人员流及信息流的集成管理。Romero 和 Stone（2007）借助 Internet 可以不受时间和地理位置的限制，企业的各种政策、制度、通知以及培训数据等也可通过互联网发布，有效地改善了企业的内部沟通管道，提升了企业的形象。在移动互联网技术支持下，企业绩效评估系统的运作模式发生着巨大的变动；移动互联网绩效评估系统不是单纯的上网填写和查询评价信息，而是将相关流程、评估信息和解决方案置于互联网上，提供给员工参考，进行交流并不断更新修正，同时可以在绩效评估流程、评价指标系统设置、评价沟通、评价报告等方面达到快速且有效的分享，进而确保绩效评估系统的科学公正，并提升经营效率（Devaraj，Krajewski 和 We，2007；Sanders，2007）。

2.5.2 系统可以使评价系统在动态中调整

移动互联网绩效评价系统有友好的用户接口，强有力的报表生成工具、分析工具和信息的共享，可以确保员工、客户、主管、高层管理者就绩效评估流程中的任一环节发生相应权限的互动关系。Gunasekaran（1997）以及 Thomas（1998）的研究中提出信息系统的构建过程包括技术面、操作面、策略面、组织面、行为面等相关因素，均会影响系统的协同性及适应性。罗明、于明（2004）提出了基于移动互联网的信息技术、数据仓库理论以及决策方法集成，建立了基于移动互联网的集成化动态绩效评价系统的方法，实现了对传统企业绩效评价的技术支持与业务改进。Wixon 和 Watson（2001）认为，影响信息系统构建的关键因素包括高阶主管的支持力度、信息资源是否充分、使用者参与程度、项目团队技能、高质量的资料来源系统、较佳的技术发展。Kossek（1994）认为，"组织特性"是其中一项影响信息系统成败的关键因素。Kavakava，Gueutal 和 Rogers（2005）指出，信息技术可以帮助高阶主管支持绩效评价，实现绩效目标与经营目标结合，并为员工制订职业生涯发展计划，提高评估制度有效性的衡量工具；同时，对主管如何指导与反馈员工绩效的训练有帮助。王宗军、徐星等（2006）指出，分散决策、绩效评价和薪酬政策是现代企业控制系统的三大基石，其中绩效评价具有导向性、激励性、考核性和评价性的作用，有利于绩效的薪酬政策，并影响分散决策[①]。

2.5.3 系统可以提供信息互动平台

Berry（1993）认为员工可以通过移动互联网获取相应信息，

---

① Yamin S，Gunasekaran A，Felix T. Relationship between generic strategies，competitive advantage and organizational performance：An empirical analysis ［J］. Technovation，1999，19（8）：507－518.

让员工自己参与评估过程，进而确保绩效评估的科学、公正、公开，提高员工积极性，同时达到正向影响员工绩效评估的目标。曹菲（2008）提出管理者必须学会依靠绩效评估和控制系统为企业确立发展方向，进行战略决策并达成理想的目标。Holland 和 Light（1999）、Umble 和 Umble（2003）认为通过加强项目团队合作、相关系统整合、全体员工配合、高阶主管支持等关键因素，可以提升移动互联网技术上的人力资源电子化平台的效能。Milgrom 和 Robert（1992）认为，信息技术对员工绩效评价会产生直接效应、间接效应以及乘数效应，并整合企业内外信息、企业组织架构、技术创新和人力资源，实现企业资源的互动与共享。移动互联网通过降低企业内部的工作成本、沟通成本，从而促进员工协作，提高员工工作业绩。而信息传递成本的降低及信息的共享，一方面可以使企业的运营流程更加通畅，另一方面可以在反馈中不断发现市场、运行、员工等状况，容易在信息的加工基础上做出正确的响应，从而使企业战略目标在修正中准确、员工工作状态在指导中准确、企业运营流程在调整中准确、企业管理制度在运行中完善。因此，移动互联网给绩效评价系统带来的是全新的革命，使绩效评价系统的乘数效应可以很好地辐射与推动企业全面提升。

2.5.4 系统可以准确追踪员工工作信息

刘翔（2004）提出协同管理实现方法是指移动互联网信息管理、智能管理、网络管理等的总称，并指出企业的信息管理活动可以基于移动互联网的信息交互实现，利用移动互联网信息技术，劳动力可以在任何地点、任何时间进行工作。传统的信息传递方式行不通，必须以电子的方式传递信息，这就产生了一套电子化移动互联网世界全新的工作标准。程大友（2004）提出构建企业动态的绩效评价系统进行连续跟踪监测和评价，并通过信息审核系统对信息的及时处理而对企业绩效目标与优先顺序进行调整，可使企业的生产经营活动与外部环境始终处于动态平衡状态。马君、王玉（2010）提出绩效评价系统正规化作为企业规则、制度和控制意愿的集中体现，也是企业内隐价值观的体现。一个成功的绩效评价系统设计应该关注绩效评价系统正规化，通过移动互联网管理信息控制，从而推动组织在更高层面上创造价值。Noe，Hollenbeck，Gerhart 和 Wright（2007）基于移动互联网技术的绩效评估机制是透过数字化、电子化、网络化等信息技术进行标准化、系统化、快捷有效、完整地掌握员工绩效状况及发展对比，进而促进企业的经营业绩更上一层。同时，移动互联网绩效评估系统将与企业管理的其他信息化平台相呼应，产生倍增的协同效果，达到高效率的企业管理模式。

移动互联网绩效评价系统的外部协同表现为与企业管理的其他单元的协同，在移动互联网技术下，不仅使绩效评价系统的完善得到了技术上的支持，还表现在对企业管理的其他管理部分的支持，如人才招聘、在职训练、绩效产出、知识共享等多个方面。具体为以下几点：第一，基于移动互联网的绩效评估系统内有各个岗位的职责描述，为绩效评估和人才招聘提供了职务分析的内容。第二，通过移动互联网连接绩效评价系统，系统保留了优秀员工的绩效报告及经验，资料放在绩效评价系统上，供员工查询，达到经验分享与知识的扩大化。同时对员工绩效不佳原因进行分析，从而为员工在职训练提供方向和指导。第三，绩效评估后，移动互联网系统可以针对部门和事业单位自动排名，相互比较，并进行历史对比，从而能对绩效产出的激励性和持续性进行反馈和修正。第四，移动互联网技术为知识共享提供了必要的技术平台；同时，开辟网上知识和岗位咨询板块，指定优秀员工在线指导、在线解决员工工作过程中的疑问。孙永风、李垣（2004）认为，利用移动互联网技术可以降低信息不对称程度，并保证其治理结构的有效运行。第五，基于移动互联网技术，用集中的数据库将绩效管理与其他人力资源系统的信息（如薪资福利、人员招聘、职业生涯设计、培训管理等）链接起来，形成了集成的信息源，达到"1+1＞2"的协同效能。图2-1为基于移动互联网的协同型绩效评价系统作用机理。

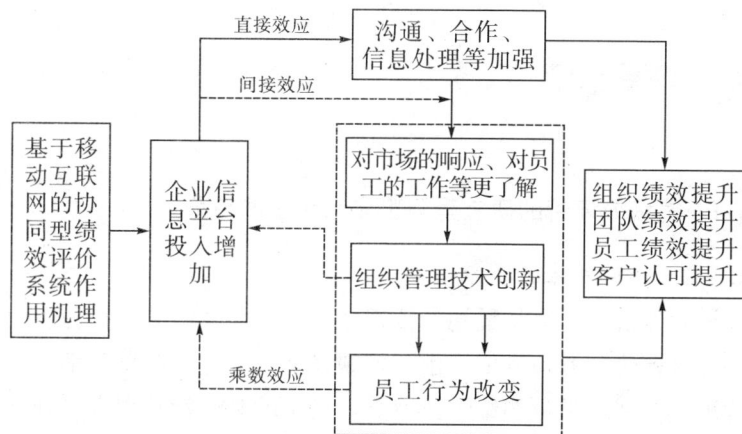

图 2-1　基于移动互联网的协同型绩效评价系统作用机理

　　综上所述，虽然没有更进一步对绩效管理协同效应进行探讨，但是相关的电子化人力资源管理（HRIS）的协同论文也支持信息化对绩效评价系统的协同程度与效果。Al-Shaliby（2011）给出成功的信息化人力资源管理应该是帮助公司目标和相关用户目标同时实现的有效途径，并指出信息质量、系统质量和有用性都是 HRIS 成功与否的重要影响因素。Ramezan（2010）和 Bal（2012）等支持了 Al-Shaliby 的研究，并增加了使用的便利性作为 HRIS 成功与否的关键影响因素。移动互联网绩效评估系统内部协调与外部应用的协同效应表现在以下几个方面：第一，绩效信息流通协同，包括改善人力资源作业效率、降低错误率、提升顾客满意度、协助人力资源管理功能性的决策、配合公司政策的推行、提升组织内部支持人力资源的运用；第二，绩效信息响应协同，包括快速响应主管对相关信息的需求、达到预期目标水平、提高系统信息质量、系统操作接口的简便程度、与其他系统的整合程度；第三，绩效评价系统外部协同，包括员工绩效与人才招募、薪酬回报、福利设计、职级晋升、职业规划、职业培训、岗位轮换、员工辞退等互动效能。

2.6 本章小结

2.6.1 对绩效评价的研究呈现出多元化发展趋势

2.6.1.1 评价内容的多维化

绩效评价的内容从最初的重视"结果"向"结果、行为、个体特质综合评价"方向发展。由于宏观经济的变化，信息技术、知识经济迅速发展，学习型组织的建立，员工的某些特质因素受到许多学者的广泛关注，如员工的能力、态度、价值观，这些特质因素逐步成为员工绩效评价内容的重要方面，与工作结果、行为共同构成员工绩效水平的组成部分。

2.6.1.2 评价目的的多元化

绩效评价的内容从"对过去业绩与贡献的鉴别评价"转为"更加充分支持员工潜在能力的开发"及"促进学习型组织创建和核心竞争力的培训与提升"。评价内容的新趋势体现了企业关注未来发展的重心转移，通过关注员工潜能的评价来为企业的未来发展提供必需的人力资本储备。员工绩效评价的目的逐步转向针对"未来"，而不是仅仅针对"过去"的结果和行为。

2.6.1.3 评价方法的多样化

在学术领域与实证层面，对于绩效评价方法的研究和使用趋于多样化。通过运用合理的手段将原有的评价方法综合到一起，可以得出更为完善、高效的评价方法。评价方法的多样化可以在一定程度上减少绩效评价误差，提高评价精度。采用综合的评价方法可以从绩效评价的设计上提高评价精度，减少评价误差。此外，通过对评价者的培训，使评价者掌握评价方法的使用，同样可以在一定程度上提高评价精度。

2.6.1.4　绩效评价研究更加注重评价者的信息加工过程

随着绩效评价内容的不断扩展，在对员工工作结果进行评价之外，需要对员工的行为、特质进行评定。而完成评定工作的评价者对所获取的评价信息的加工过程直接影响对员工绩效进行评价的结果。一些学者研究了评价者的信息加工过程，通过分析评价者自身的某些特质对信息加工过程的影响，有利于在绩效评价过程中减少评价者的自身因素对评价结果的影响。

2.6.1.5　重视组织背景下的绩效评价研究

由于实际的绩效评价过程在企业组织中进行，因此，一些学者在研究中强调将绩效评价作为一个包含社会情境、情感和认知因素的复杂过程。组织作为一个复杂的系统，具有动态性和开放性的特征。一些学者认为，群体的平均绩效水平以及一个员工在群体中的位置序列随时间推移而变化。由于组织情况的复杂，组织背景下的绩效评价研究具有更大的难度和挑战性，但是其对企业员工绩效评价操作更加具有实际指导意义。

2.6.2　研究重心向系统化倾斜，但缺乏对评价系统本身的研究

1980 年，兰迪（Landy）和法尔（Farr）发表了"绩效评定"一文，探讨了评价本身的认知加工过程。以此为分界点，绩效评价系统的研究被分为两个阶段：

1980 年之前，绩效评价系统的研究关注由员工带来的产出和结果，研究主要集中于开发信度高、效度高的评定量表，通过培训评价者来提高其在绩效评价中的观察技能，减少评定误差。

1980 年之后，对绩效评价系统的研究重心转向对评价过程、评价所处的内外环境的研究，注重评价者的认知加工过程、评价精

度以及对绩效本身结构的探讨。Spangengerg（1992）指出传统绩效评价与管理的严重脱节，研究开始向绩效管理转移。由此看出，学界对绩效评价早已有了系统研究的倾向。但是，上述系统研究实际上是对绩效以及绩效评价活动的系统研究，由此发展出来的是绩效管理的思想，也就是如何帮助员工制订绩效目标、考核绩效和绩效改进。

然而，绩效评价系统本身也是需要进行管理的系统：如何设计绩效评价系统？如何实施绩效评价系统？怎样优化绩效评价系统？上述问题不是绩效管理可以回答的——因为绩效管理是微观的、具体的、针对员工进行的管理活动，归根到底是一种人力资源管理；而对绩效评价系统的管理则属于系统的范畴，是对绩效评价系统这个抽象的概念系统进行的研究和管理。遗憾的是，关于这个层面的研究目前比较少。

2.6.3 理论研究发展迅速但实践有一定的脱节

对绩效及绩效评价理论的研究，无论是系统性研究，还是多维度的概念、绩效评价的管理本质等，都已经非常有厚度了。从开始的观察法发展到关键绩效指标、目标管理、平衡计分卡、EVA、绩效棱镜等的理论研究发展迅猛，但是，绩效评价理论实践应用中却比较片面，大部分的应用中，企业实际考虑的只是如何通过战略工具或关键行为等方法分解出相应的绩效指标，进而进行绩效评价系统的构建，并没有考虑到绩效本身形成过程中的多维度；同时，也没有系统地考量评价系统本身的建立、运行与优化这一管理过程。在绩效评价系统研究中，对个人、团队、组织、战略、文化层面及绩效评价的单个模块如何操作和优化的研究很多，但对移动互联网层面的研究尚未展开，只有部分对绩效管理系统化进行分析研究，对于移动互联网背景下绩效评价系统的总体打造及形成机制缺乏实践的操作研究。

2.6.4　对移动互联网给绩效评价系统带来的冲击研究较少

无论是 BSC 还是 KPI 这两种评价工具，都侧重企业绩效的界面，都侧重以利润为导向。而事实上，移动互联网不仅给企业管理带来颠覆性的革命，也给绩效评价系统带来了思维模式的创新。随着移动互联网时代的到来，传统绩效评价系统与移动互联网时代的评价系统明显在评价方式、评价目标的分解、评价主体、评价沟通反馈及评价绩效的信息传送和操作方面有着极大的不同；同时，员工工作的内容、工作的地点也可能发生了很多变化。原来他们需要按时上下班，但现在在家就可以完成工作内容；原来他们在公司规定的场所上班，现在可能不需要在公司规定的场所上班，甚至可以身兼多职了。传统绩效评价系统虽然有评价，但评价系统的各个子系统是相互隔离的，信息很少在系统之间传导，更难于传导到其他管理系统中。移动互联网的终端属于个人，可随时携带且位置可以比较精确定位，这不仅使各个层面的员工能方便地反映绩效相关的信息，从而使绩效评价系统能真正成为协同型的系统，也可以满足各个层面的员工及客户透过时空的隔离去反映员工绩效情况，把绩效评价系统变成动态的员工绩效管理过程，并最终凝聚为静态的员工绩效；同时，把静态的绩效及时反馈到绩效评价系统中，形成突破时空，链接纵横的立体评价系统，有利于绩效评价系统的动态调整，从而及时跟进市场，密切客户的需求。当然，绩效管理人员及公司不同层次的管理者可以有利于对这些信息进行挖掘、利用，从而更好地激发员工绩效。但现今的这方面研究非常少。

第3章　基于移动互联网的
协同型绩效评价系统分析

3.1　系统的内涵

Gueutal 和 Falbe（2005）指出 e-HR 管理是一种基于互联网或企业网（即 Internet 或 Intranet）的人力资源管理方式。基于移动互联网的协同型绩效评价系统是在动态调整中完善绩效评价系统各个环节，从而达成绩效评价系统能够真正凸显员工的绩效，对接企业内外环境的变化，并使不同层面的人员从烦琐的日常事务工作中解脱出来；同时，强调员工的自助服务，如员工个人信息的查询、培训情况查询、绩效情况查询、假期记录、绩效对应的薪资等级、福利待遇的标准等，主管批核（如休假申请、培训申请、报销等）、批核资讯主动答复申请人等，从而减少了人力资源管理人员用于资料获取、确认和更新的工作量，保证了资料的准确性和更新速度。借助 Internet 可以不受时间和地理位置的限制，企业的各种政策、制度、通知以及培训资料等也可通过互联网发布，除了一般的人力资源部管理人员外，普通员工、中层管理者及决策者都将以基于移动互联网的信息平台产生对应许可权的互动关系①。此外，有效改善企业的内部沟通管道，能提升企业的形象（Romero 和 Stone，2007）。李诚（2002）、Cascio 和 Aguinis（2006）绩效管理系统信息化主要是从绩效管理的视角去整合企业、员工的资料信息（如薪资福利、招聘、职业规划、培训、职位管理、绩效管理、岗位描述、个人信息和历史资料）统一管理起来，形成了集成的信息源；信息化的绩效管理系统必须有友好的用户界面，先进的报表生成工具、分析工具和资信的共用；它的使用者，除了一般的人力资源管理专业人员外，普通员工、中高层管理者，乃至外部客户都可以在公司信息平台获得信息响应与反馈，为员工和客户提供更高水平的绩效管理服务。信息技术下的绩效管理可以压缩企业管理成本、提高工作效率和改进服务模式。

全面、客观、合理地进行绩效评价是企业管理的一项系统工程，这项系统工程包括了各方面信息的综合。绩效评价系统是由企业员工及与环境发生关系的各部分组成，各个部分是相互依赖和相互作用的，是具有特定功能的有机整体，所以无法孤立地看待各个部分。同时整个系统的联系包括部分与部分之间、部分与整体之间、整体与环境之间。作为企业约束员工行为的手段，绩效评价系统既具有有效控制员工行为的任务，又具有通过企业控制帮助员工自我控制的任务。

协同型则是对系统的各个部门如何进行沟通，并且通过沟通使绩效评价系统的结构更为合理和平衡的一种描述。企业集团管理系统中各协同要素按照一定的方式相互作用、协调配合、同步，产生主宰系统发展的序参量，支配系统向有序、稳定的方向发展，进而

---

① Gueutal H G. The Brave new world of e-HR［J］. Advances In Human Performance And Cognitive Engineering Research，2003（3）：13－36.

使系统整体功能发生倍增或放大协同效应的能力①。绩效评价系统中的各要素在内部和外部环境进行信息交换的开放状态下，要素的结构和重点能够自发地进行配合，并且通过能量的交换作用产生协同效应，最终使整个绩效评价系统持续地作用。绩效评价的实质是通过对员工的管理实现战略目标、客户服务、价值增值等。绩效评价系统则是以绩效评价为载体，注重评价的协同性。系统要素之间的信息进行相应的加工与反馈，更加强调管理的协同、企业关联的内外客户协同、利益关联者的协同和应用的协同。随着企业外部环境的日益复杂化和动态化，协同型绩效评价系统主张通过组织内部诸要素的相互协调和组织结构的合理安排来应对外部变化，从而提高组织效率。

　　基于移动互联网的协同型绩效评价不仅是一项单纯的技术，更是为了快速应对市场、人及业务的变化，通过移动互联网将业务、员工、客户、技术、管理链接起来，并吸引、保持、培养、开发、激励适合企业发展的员工，支持客户的需求满足，把员工的工作从繁杂的事务中解脱出来，真正发展他们的工作能力，激发他们的工作效能。从移动互联网绩效评价系统的角度看，协同型绩效评价系统就是从企业战略的高度，利用移动互联网技术对员工绩效评价信息进行充分的挖掘，输入绩效评价系统中，并与员工绩效回报管理系统对接，从而实现绩效系统的信息流通协同、信息响应协同及绩效应用协同，最后汇集为绩效评价系统内部协同和绩效评价系统外部的应用协同。移动互联网绩效评价系统的内部协同表现为绩效评价的评价主体、评价目标、评价客体、评价方法、评价周期、评价指标、评价沟通、评价报告等若干相互作用的子单元使其趋于协同，真实而科学地折射出员工的工作状态、工作结果、工作特征。

---

　　①　公静，王德娟. 基于企业生命周期理论的企业家精神与企业文化建设［J］. 商场现代化，2006（12）：334-335.

3.2　系统特性和系统模型

随着技术革新时代的到来，信息技术的迅速发展，企业的竞争环境、组织结构、管理模式、顾客需求等都在发生深刻的变化，企业在管理上必须采取适应变化的措施来挖掘组织成员的潜力，从而使企业的人力资源得到合理的开发。而原有的绩效评价系统难以适应信息时代企业经营管理和竞争环境的需要，作为管理控制系统重要组成部分的绩效评价系统也应随之进行适应性调整。企业建立协同型绩效评价系统将使人力资源的使用效率化，有利于企业的资源优化、程序合理化、制度人性化，将为企业的发展开创新的模式。协同型绩效评价系统作为人力资源管理的一种手段，通过绩效评价、信息反馈、奖惩等多方面的管理活动，强化企业横纵向的有序沟通。它通过目标导向的机制，使员工的行为能够反映出企业的战略发展目标，从而协同企业行为，增进企业内外部利益相关者的相互理解，保证组织战略制订与执行的一致性。

3.2.1　系统特性

基于移动互联网的协同型绩效评价系统与传统的绩效评价系统相比，有以下一些特点。

3.2.1.1　战略性

基于移动互联网的协同型绩效评价系统是以实现企业的战略为目标去整合企业信息、资源、技术等协同评价系统的整体效果及单元中各个元素的合理性，从而达成评价系统与未来变化的共振。评价系统本身是在测量员工现实业绩的基础上导向员工绩效战略发展，具有前瞻性、战略性。同时，企业制订战略规划的意义在于界定自身的现实状况，充分配置现有的资源，提升适应环境的能力，为未来的发展找寻合适的道路。而整个战略规划则为企业的绩效评价提供了非常重要的信息，使得企业在绩效评价的过程中将战略规划和企业中的绩效联系起来，企业不同的战略规划将导致不同的绩效评价关注的重点。因此，基于移动互联网的协同型员工绩效评价系统不仅在企业战略中获得企业战略发展的信息，也在对员工现实绩效评价中获得员工现实的业绩信息，所有这些信息必然渗透到基于移动互联网的协同型绩效评价系统中，为采用多维度指标来考核员工绩效承担企业战略制订科学的绩效评价系统，并鼓励员工将企业的战略规划落到实处，为变得更易操作提供了现实依据。

3.2.1.2　系统性

相同的人力资源以不同方式、不同手段或不同类型、不同数量组合将产生不同的人力资源活动或人力资源活动系列，因此，能为企业提供不同的人力资源服务或人力资源服务系列，这些服务是决定企业竞争优势的关键[①]。绩效评价作为企业人力资源管理中的一项重要管理制度，是完整衡量员工及团队工作产出，并有效推动绩效与企业战略目标对接的重要管理工具。而移动互联网又为信息时代变幻莫测的绩效评价提供了无限的发展空间和科学评价的可能。基于移动互联网的协同型绩效评价系统的系统性首先表现在系统本身的系统性，系统通过评价主体、评价方法、评价指标系统、评价反馈与评估组成了一个完整的绩效信息流通、反馈、衡量、结论的系统。其次是移动互联网协同型评价系统信息的系统性，评价主体的多层次、评价方法的多样化、评价指标系统的多角度、评价反馈沟通的深度为绩效评价信息的收集提供了制度依据，而移动互联网与企业信息平台的对接又为实现员工绩效评价系统提供了技术依据，以评价指标系统为尺度，以评价主体对员工岗位绩效的评价为

---

① 王飞. 企业战略性人力资源管理模式探讨 [J]. 经济问题，2006 (12)：36−37.

管理手段、以绩效反馈与评估对绩效评价的效度为验证依据，把绩效评价的信息对接到绩效评价系统中，实现绩效评价系统的动态调整，这样的绩效评价系统可以避免传统人事工作的不公平现象，从而提升了管理的力度，实现了管理目标性、针对性、动态性。由此使绩效信息在流通、管理、监督、反馈中实现了完整的动态与静态的真实绩效整合。而在评价的过程中用既定的标准来比较员工工作的行为及结果，记录完整的绩效信息，包括了正面和负面的绩效信息。最后表现为绩效评价系统响应机制的系统性，通过绩效评价系统中评定的员工绩效为绩效的应用提供了现实支撑，如绩效薪酬、员工晋升、岗位轮换、培训、职业规划，为企业制订员工开发计划使员工获得长久的发展提供了依据，而绩效评价的应用强度又在无形中加大了评价主体的责任感、方法的科学性、评价系统的完备程度及反馈与评估的深度，这样的良性循环提升了绩效评价系统的完整性。

3.2.1.3　实时性

传统的绩效评价是以个体的记忆为基础的，评价者对被评价者过去的工作行为进行评价时会出现记忆的偏差，难以真实反映被评价者的行为。而基于移动互联网的协同型绩效评价系统将突破时间和空间的限制，在工作行为发生之初就通过移动互联网对信息进行记录。实时地记录信息有利于正确处理信息，在评价中发现员工的工作状态、在评价中发现评价主体的管理状态、在评价中发现指标系统的测量状态、在反馈与评价中验证企业员工与客户对企业的认真状态，并将评价的结果充分应用于企业的日常管理活动中。通过绩效评价，企业可以在充分了解员工工作状况的基础上，有效地区分绩效优良与绩效不佳的员工，从而实施正确的激励政策。企业管理者通过收集和分享绩效信息来强化员工的行为，将观察和沟通的绩效评价结果进行反馈，更加有利于寻找管理中的不足，有利于管理者对未来的绩效水平做出正确的预测，促使员工和组织整体的绩效改进。

3.2.1.4 开放性

基于移动互联网的协同型绩效评价系统内部的各个部分都是有机联系的，部分与部分之间通过相互联系而构建了一个以绩效评价为主题的沟通平台。通过绩效的标准可以了解企业战略发展规划的适应性，通过绩效指标的设立来引导员工的行为，通过员工的行为来判断绩效目标的实现程度，包括是否达到了预期的成效等。移动互联网下的绩效评价系统不仅对员工状态、工作行为和工作结果等方面的个人绩效做出连续的综合评价，也是对个人绩效与周边绩效及任务进行评价的连续反映性过程评价。同时，无论是绩效评价系统本身，还是评价过程与结果，都是在连续的动态凝结、反馈、应用、调整中进行的。因为客观的判断是需要时间作为条件的，所以绩效评价需要保持连续性才能更加准确而科学。员工的绩效受市场变化、客户反映与需求、工作经验、工作环境、团体状态等多方面因素影响，具有时滞性，难以在短期内全面地评价员工的真实绩效水平。而把绩效评价当成一个连续性的过程推进，将既有利于员工绩效的真实再现，也有利于企业根据员工绩效连续反映，企业结合各个层面的情况进行对应的调整，从而促进长期发展。

3.2.1.5 动态性

基于移动互联网的绩效评价系统的关键点是评价系统本身及其单元因素会根据市场、资源、技术、员工状态的变化在动态性中变化，而不是传统绩效评价系统的一成不变。首先是收集员工绩效的信息是动态性的，如将企业的战略目标分解为测量组织、部门及岗位绩效的评价指标，衡量的指标必须是在绩效管理整个过程中保持动态的调整；收集信息、反映信息的主体是动态的，移动互联网反映的绩效信息是动态的，反映的对象与接受的对象是动态的；绩效评价系统中的评价主体、评价方法、评价指标系统及反馈评估是在动态中调整的。移动互联网下的绩效评价系统具有相当的机动性和灵活性，需要根据动态反映的具体情况和变化做出动态的修正。在不同的考评期间，考评者需要注意工作任务实现的难易程度、工作的物理环境以及人际关系变化对绩效的动态影响。整个评价的过程是开放的和可以纠正的，并非是静止不变的，当员工认为自己的绩效评价与实际状况出现偏差时，能够根据现实做出调整以纠正偏差。绩效评价的动态性使企业能够更好地应对变化的内外部环境。

3.2.1.6　正规化

传统的绩效评价系统对于同一名员工做出相同的绩效行为可能会得出不同的绩效评价结果，而在这个协同型绩效评价系统中，在不同的时间对不同的人在同一岗位进行绩效评价时将保持一致性，不会受到主观因素的影响，做到真正的客观公正。一方面，基于移动互联网的技术发展提供了实时信息，这样信息的及时分享创造了多种反馈途径，是否与事实有偏差能够按照考评系统要求做出调整。另一方面，将专家组和客户组置于协同型的关键位置，对问题的原因和解决的对策进行了多方的考量；同时，自己也可以置身于绩效评价信息平台中与相关人员沟通，甚至把自己的疑问放置在信息平台论坛供大家一起探讨。

3.2.1.7　智能化

以移动互联网技术为支撑，区别于传统的绩效评价系统的信息更新缓慢，基于移动互联网的协同型绩效评价系统能够及时地收集信息，并且转化为有效信息，员工通过系统可以及时地获取信息。而系统根据数据的对比能够智能化地检测绩效的状况，针对特殊数据提出解决方案。整个评价系统能够考虑到员工人力资本的独特性。对于人力资本独特性高的员工而言，严格的绩效控制会降低工作绩效，提高公平感知对员工绩效有正向影响，设置挑战性的绩效目标则会显著提升工作绩效①。基于移动互联网的协同型绩效考评能够通过将员工的人力资本数据输入，在综合信息的基础上设置合理的绩效目标。基于移动互联网的绩效评价系统作为对员工持续工作过程中的绩效行为与结果进行有效监管的企业管理制度，不仅是企业进行自我监督、自我约束的重要手段，而且也成为新的竞争环境下企业实施战略管理的重要工具。它具有战略性、完整性、动态性、连续性、有用性等特性。

3.2.2 系统模型

本书的基于移动互联网的协同型绩效评价系统模型包括了评价主体在评价目标的指导下对客体进行评价的部分，在此过程中需要选取评价的指标，确定评价的标准和方法，最终得出评价报告，并且将评价报告的信息反馈给评价客体。整个流程是在基于移动互联网的技术支持下进行的，会通过实时的信息流做出相应的调整，达到系统协同的效果。管理层、作业层、专家组和客户组在这个协同型的系统中进行相应的活动。协同型评价系统各要素如图 3－1 所示。

整个移动互联网的协同型绩效评价系统涵盖了测评的目的、参与者、技术支持、反馈机制、绩效应用等模块，为企业处理绩效信息提供管理解决方案。其思想核心就是评价信息的传递准确、评价系统的调整及时、绩效的运用到位，从而使评价系统在信息流通、调整中不断协同，绩效评价系统效应大于各个子系统叠加整体效应。在这个系统中，移动互联网技术克服了人际沟通方面的人为障碍，使各个层面的员工能够直接参与绩效考评，反映的问题得到及时的关注。这样会大大降低评价的成本，并发现影响绩效的关键因

---

① 马君，王玉. 绩效评价系统的内在驱动机制及其影响效应研究［J］. 科研管理，2010，6（31）：180－190.

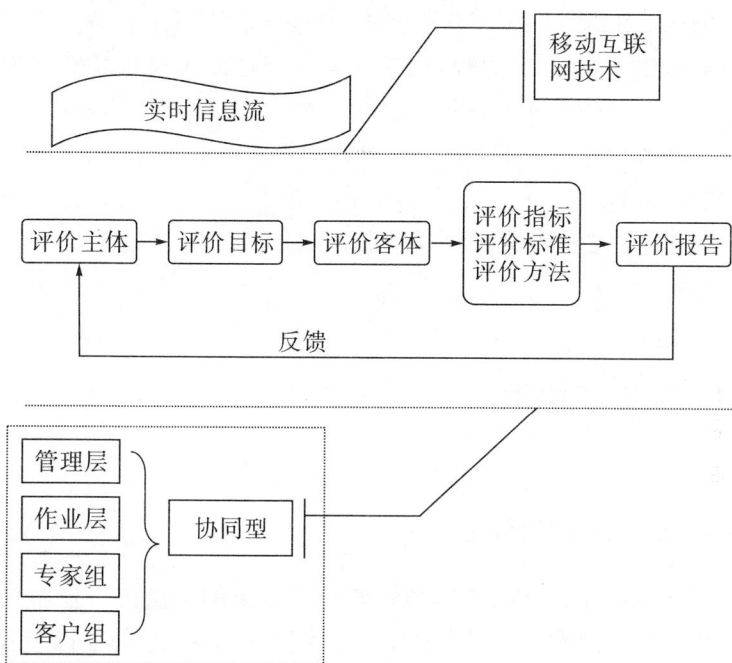

图 3-1 基于移动互联网的协同型绩效评价系统模型

素。一方面，移动互联网技术的应用形成了新的自动化模式，信息反馈通过移动终端通向各部门，无须占用其他的办公资源；另一方面，实时的信息流节省了大量的时间，避免了信息因为时间因素出现偏差的状况。此外，单独从任何一个方面来观察被评价者得出的结果都难免片面，而基于移动互联网的协同型绩效评价系统可以从多个方面进行考察，信息来源具有多样性，从而对被考评者的了解可以更为深入，全方位、多角度的信息支持使考评结果更客观。

基于移动互联网的协同型绩效评价系统能够克服地域性差异带来的问题。公司在移动互联网上实施整个考评过程，地域的影响变小，员工对整个考评系统的共享加大。而通过绩效评价系统的正规化促进员工学习正规化是管理系统成熟的标志。正规化系统将组织员工的最佳实践经验编码并制度化于组织系统之中，作为员工工作实践的参照。特别是以授权为主而非强迫性的正规化绩效评价系统，可以有效激发员工的创造性和主动性。系统协同将使员工在自主学习绩效行为的基础上，形成对企业的公平感和认同感，启发与调动员工为自己工作，系统各部分在获得平衡与达成共识的基础上，优化不必要的绩效评价程序，划分责任，使得绩效行为的价值更加清晰。

3.3   系统的层次

3.3.1   组织绩效层面

　　基于移动互联网的协同型绩效评价系统的层次由企业整体层次、部门绩效层次及员工个人绩效层次构成。组织整体层面绩效是对企业的整体经营效益和经营业绩进行评价，是绩效评价的最高层次，也是绩效评价的最终目标，表现在企业的盈利水平、市场竞争力、竞争优势、人力资源状况、持续发展能力等多方面。企业绩效层面的评价是以员工绩效评价为基础，是对员工的工作行为、工作状态、工作产出的结果在市场机制中的检验过程。在检验员工绩效层面的基础上根据员工绩效情况及其对企业整体绩效层次影响的痛点，并对企业的人力资源状况、财务状况、客户状态、市场态势、组织运行流程等进行盘点，再根据企业的状况对企业的绩效乃至战略目标进行调整。企业绩效是以员工绩效和部门绩效为基础的，同时也受到了外部环境的影响。企业的管理是对企业产出绩效的投入，绩效评价实际上是对企业连续性管理行为的评价过程，要想持续地改进企业的绩效，绩效评价就必须定期化、制度化。而构建企业的文化将为企业的绩效实现提供软环境。比如，鼓励创新的企业文化能够鼓励各个部门的员工发挥创造力。而企业具有绩效导向的行为将使员工树立重视绩效评价的价值观,主动参与其中并且发挥作用。

3.3.2　部门绩效层面

部门绩效层面是对企业内部员工绩效的整体效果进行测量、评定,达成部门的员工之间、责任之间、工作内容之间的管理协同、沟通畅通、监督合理,从而有效完成本部门负责的工作绩效。部门绩效层面是将组织层面的绩效承接延伸至员工层面的绩效的具体表达。因此,部门绩效层面是组织绩效层面与员工绩效层面的中枢,是组织绩效层面的中流砥柱,是员工绩效层面的指挥棒。企业是由各个部门有机组合而成的,各部门有自己的主营业务及关联业务,完成本部门的业绩将有利于企业的发展。而对部门的绩效评价将能够区分创造价值的利润点,有利于企业部门间资源的合理配置。员工绩效层面是对企业的员工个人是否按照规则做事以及产出的结果进行评价。部门绩效层面是以员工绩效为基础的,包括部门能力。部门能力是指部门的制度要求对部门成员的心理和行为产生约束力和引导力。而部门能力通过员工的协调得到发挥,从而产生部门绩效。但是部门绩效并非一定大于员工绩效,二者的大小取决于部门员工的协调度。部门员工个体相互配合,部门领导者适当鼓励员工并且激发员工的创造力,充分利用部门现有的资源,将有利于部门绩效的提升;相反,部门缺乏共同的任务目标,各个岗位的职责划分不明晰,将对部门绩效产生消极影响。对部门层面的绩效评价是落实、管理、监督、实现组织层面绩效的重要手段,是发现员工层面绩效问题,并且进行协调管理的依据,是提升员工层面绩效与组织的整体层面绩效水平的重要保障。

3.3.3 员工绩效层面

员工绩效层面是通过对员工的工作行为作用于岗位工作内容的行为、结果、状态做出评价所确定的，员工能够明确任务的目的，并且按照程序标准进行作业，其绩效水平也会相对较高。组织绩效、部门绩效、员工绩效并不是孤立的，三者之间的关系如图3-2所示。

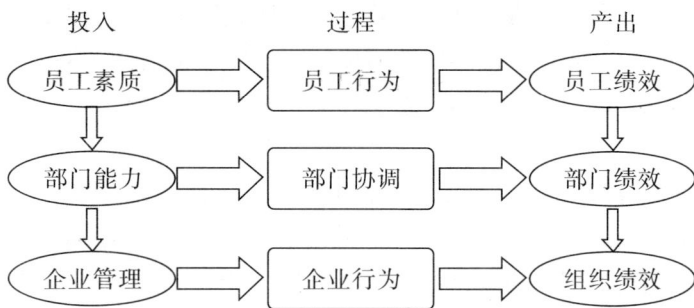

图 3-2　绩效评价层次作用图

员工绩效评价是整个绩效评价系统的基础，全面了解员工的素质，包括所具备的能力、所掌握的知识技能和工作态度，从而确定其职能匹配的程度，是对员工个人进行绩效评价的方法。评价者综合员工个人工作行为的信息，引导员工行为符合企业的发展目标，在得出绩效评价结果后给员工做相应的反馈，使员工能够正视自己的绩效水平，从而通过改进自身行为来提升绩效。员工个人层面的绩效评价关注的是员工的工作岗位及自身的行为，评价的范围较小，但是通过员工的素质投入，作用于员工行为是产出绩效的最基本途径，所以员工个人的绩效评价也是获得绩效信息的基础。

组织绩效层面、部门绩效层面、员工绩效层面是相互关联、相互衔接的。本书的研究范畴为员工绩效层面。

3.4　系统影响因素

Gunasekaran（1997）以及 Thomas（1998）研究提出：信息系统在构建过程中包括技术面、操作面、策略面、组织面、行为面等相关因素，这些因素均会影响系统的协同性及适应性。Laudon（2000）也认为信息系统是否成功，可以由使用者参与程度、主管支持程度、系统的复杂度与风险度以及上线过程管理的好坏来决定。Rogers（2005）指出，绩效管理最佳实务的其中之一为结合绩效管理以支持企业目标并驱动结果。Holland 和 Light（1999）、Umble（2003）认为，通过加强项目团队合作、相关系统整合、全体员工配合、高阶主管支持等重要关键因素，可以提升移动互联网技术上的人力资源电子化平台的效能。Wixon 和 Watson（2001）认为，影响信息系统构建的关键因素包括高阶主管支持、充分高度资源、充分资源、使用者参与、项目团队技能、高质量的资料来源系统、较佳的技术发展。Kossek（1994）认为，组织特性是其中一项影响信息系统成败的关键因素。Kavanagh，Gueutal 和 Rogers（2005）指出，绩效管理失败的原因可归纳为以下几点：缺乏高阶主管支持、绩效目标未能与经营目标结合、缺乏职业生涯发展计划、缺乏评价制度有效性的衡量工具、未与其他功能进行结合、沟通不足且缺乏员工参与、对主管如何指导与回馈的训练不足、绩效管理制度变革太过频繁等[①]。

结合以上文献和传统绩效评价影响因素发现，基于移动互联网的协同型绩效评价系统是一个系统工程，评价系统的效果如何受到

---

① 张瑜鑫，郑晋昌，高尚仁. 企业导入人资源资讯系统之成效探讨——以 A 公司为例 [D]. 桃园："国立"中央大学，2012.

多维度、多角度、多层次的因素影响，既涉及企业内部的各个部门、各个岗位，也有企业的管理风格、文化、制度、员工状况等，还涉及企业外部客户及企业发展所置身的企业组织、文化、员工参与度、客户反馈、系统性能及服务等因素。与此同时，影响绩效评价系统的每个单元并非独立，还会产生交互影响，直接或间接地影响绩效评价系统的整体协同性，何况影响绩效评价系统的任何一个单元都会影响绩效评价系统的整体协同效率，事实上，影响绩效评价系统的每个单元也有太多因素；同时，绩效评价系统的各个单元都会直接或间接相互影响，会导致员工整体绩效评价的效果不佳。因此，通过了解哪些是关键因素，提升员工整体绩效评价的效果，是构建基于移动互联网的协同型绩效评价系统的必要工作。虽然影响基于移动互联网的协同型绩效评价系统的因素纷繁复杂，但归纳起来大致有三个层面：企业外部因素、企业内部因素、评价系统本身因素。企业外部因素：经济环境，社会文化，民情、产业、政策等环境，客户满意度，客户忠诚度；企业内部因素：企业组织结构与组织形式、企业战略目标、企业文化氛围、企业创新机制、企业绩效信息平台支持系统、企业管理制度的规范程度、高层管理者的态度、高层管理者的风格、中层管理者的执行力、员工的绩效评价参与意识、员工的总体培训与规划、员工忠诚度、绩效激励力度、绩效应用系统；评价系统本身因素：绩效目标准确程度、评价主体、评价客体、评价方法、评价指标系统、评估与反馈。影响基于移动互联网的协同型绩效评价系统因素见表3-1。

表 3－1　影响基于移动互联网的协同型绩效评价系统因素

一级指标	二级指标	三级指标	代码
企业外部因素	经济环境	人均 GDP	X1
		在职职工平均工资	X2
		城镇人均可支配收入	X3
	社会文化	人情世故的浓度	X4
		大公无私的群体精神	X5
	客户满意度	客观真实反映服务	X6
		反映服务效果的及时性	X7
		客户对其反映处理结果满意度	X8
企业内部因素	企业战略目标	销售利润	X9
		投入产出比率	X10
	企业文化氛围	企业支持度高	X11
		团队合作精神	X12
		员工职业操守	X13
		使用移动互联网的氛围	X14
	企业绩效信息平台支持系统	信息网络平台技术	X15
		挖掘信息的技术	X16
		员工网络知识技能	X17
		网络保护员工反映私密程度	X18
		系统流程设计合理	X19
	绩效应用系统	绩效与绩效报酬挂钩结合程度	X20
		绩效与绩效报酬幅度	X21

一级指标	二级指标	三级指标	代码
评价系统本身因素	评价主体	对员工工作状态的了解	X22
		公正客观性	X23
		对专业的熟悉程度	X24
	评价指标系统	指标准确	X25
		标准的合理性	X26
		权重的合理性	X27
	评价方法	评价方法设置合理	X28
		评价方法运用合理	X29
	评价客体	使用移动互联网的意识	X30
		对互联网信任度	X31
		使用移动互联网方便	X32
	评估与反馈	反馈的准确性	X33
		反馈的及时性	X34
		评估的客观性	X35

3.4.1 企业外部因素

企业外部环境既包括其所面临的外部经济、政治、文化、风俗、人情环境，也包括外部利益相关者。经济、政治环境主要是指企业在经营过程中受到的来自社会的经济水平高低和政治状况好坏的影响，正因为任何企业都无法独立于外部的环境而存在，所以将这种影响考虑到绩效评价的执行中十分必要。一般而言，在良好的经济环境中企业发展迅速，对于绩效评价的重点也会做出相应改变，如何培养和保持自身的竞争优势将成为评价的重点。而在稳定的政治环境中，企业也需要将法律法规因素考虑在内，避免因为不合理的绩效评价规定将企业卷入劳动争议的风险。外部利益相关者是指被企业决策影响的机构或组织，具体包括供应商、客户、市场等。外部利益相关者的客观评价有助于管理者准确把握企业外部利益相关者对企业顾客价值创造的认可程度[①]。绩效评价是具有企业政策导向的，当供应商或者客户对于公司提出了新的要求，这种要求就需要员工来满足，而从绩效评价的指标或权重的变化就可以体现企业希望员工做出的行为变化。企业外部因素具体内容如下。

3.4.1.1　经济环境

有效的绩效评价系统是科学实现员工绩效评价的重要依据，企业通过绩效评价系统不仅可以评定员工工作现状和潜力，也是对企业生产运行情况的系统检验、综合分析，还可以分析企业生产管理活动与企业战略的吻合程度。但经济环境影响着企业战略发展、市场的走向、客户的需求、企业的财务运转、人力资源测量等的改变，而这些变化必然导致企业的绩效评价系统的目标与单元的改变。2008 年美国的次贷危机给世界经济增加了不确定因素，深刻地影响世界各国的贸易来往，很多国家为了保护本国的企业发展而人为地制造贸易壁垒，作为世界制造业基地的我国，企业也受到了巨大的冲击，很多企业甚至被迫停产、关闭、整顿。企业的投资环境迫使企业投资更加谨慎，无论是企业经营目标，还是企业对市场的投资，或者是企业的资金运转，或者是销售渠道的策略，抑或是对人力资源的储备与培训都增加了很多不确定的因素，所有这些都势必影响企业的决策，影响企业的管理，影响企业评价系统的选择。绩效评价系统不得不考虑经济对市场的冲击，那么绩效评价系统就一定会在企业招聘与裁减人员、营销渠道的拓展、员工工作效率、客户满意度、绩效工资幅度等方面进行相应的调整，这些都是

---

① 张林. 创新型企业绩效评价影响因素分析——基于财务与非财务视角的问卷调查结构分析 [J]. 商业经济，2012（6）：83-86.

经济环境对绩效评价系统的影响。

3.4.1.2 社会文化

不同国家、不同区域、不同民族、不同素质的人所拥有的社会文化是不同的，甚至差异非常大。中国是四大文明古国之一，历史文化璀璨、社会文化深厚、民族文化各领风骚，因而价值观差异明显，这就决定着拥有不同文化的人对于事情的判断具有一定的差别，对于工作理念有不少的偏差，对于评价的认同感有很大的区别。比如，西方社会讲究的是契约文化，讲究白纸黑字的契约约束；而中国则是典型的伦理文化，讲究人与人的关系和交情。因此，在这样的文化背景下，不同民族与地域的管理行为就会产生明显的差别性特征。西方人的管理重视理性分析和精确管理，如同齿轮一样环环相扣，重规则而轻情面，讲究公平竞争、优胜劣汰、个人主义；而中国人的管理则重视情感与权变，重视人际关系的微妙与协调，重情面而轻规则，讲究中庸之道、和谐自然、集体主义。起源于西方国家的绩效评价系统无论从绩效评价的视角，还是绩效评价的目的及绩效评价的具体单元功能，都与我国的文化有太多的差异。事实上，中国的绩效评价系统侧重于评价指标系统的构建和评价方法的选择，这样的绩效评价效果遭到了普遍的质疑。因此，要真正使绩效评价系统协同，必须考虑社会文化差异导致评价主体对绩效评价客体、评价方法、评价指标、评价沟通、评价反馈的影响，也必须考虑评价客体因为社会文化的差异而导致其对评价系统各个单元的理解的差异。深入了解我国的社会文化，才能更好地了解我国企业绩效评价的思维模式，更好地对接西方国家创立的绩效评价系统。

3.4.1.3 客户满意度

企业的生存与发展必须依赖客户，企业客户的多寡、客户质量的优劣、客户对企业的忠诚度、客户准确的信息反馈等都是企业发展的生命线，所以市场上流行的一种说法就是"客户是上帝"。企业发展需要市场，而市场处于激烈的竞争中，如果客户不能真实反馈产品的质量、员工的服务、与竞争对手的差距等情况，绩效考核的真实性与目的性自然是难以实现的，那么绩效指标系统中的评价主体对员工的绩效评价是不真实的，评价的方法只是在想象中筛选出来的伪科学方法，绩效评价的指标系统毫无疑问是残缺的。这样的绩效评价要想做到科学的反馈与评估只能是形式上的真实与科学，本质上歪曲了员工的绩效与客户的满意度、满足度、需求渴望度。因此，从绩效评价系统的角度来看，客户的支持也是非常重要的。

3.4.2 企业内部因素

3.4.2.1 企业战略目标

企业的战略目标是企业在不同阶段为实现企业使命而期望达成的企业核心领域或业务范围内可以细化的、具体的、定量的、操作的效果，属于确定企业发展走向的纲领性规划，一般包括企业经营期内的盈利能力、行业地位、业绩水平、债务风险、发展速度、资产质量以及经营增长等经营业绩的综合评价。企业战略目标翔实地描述了企业发展的脉络，如每个部门的阶段目标与任务、企业在不同阶段的市场目标与定位、不同阶段在行业发展态势定位决定与竞争策略等。而真正的协同型绩效评价系统不是针对已经成为现实的业绩做考核，而是以企业战略目标为导向，以市场的变化为依据去驱使员工实现战略目标。绩效评价系统只是完成企业战略目标的管理手段，它对员工工作绩效与所设定的目标绩效进行对比，而对比的过程其实就是诊断员工还有哪些工作没有做好，怎么去使这些工作做得更好，所以绩效评价系统是通过修正绩效评价指标衡量的准确程度、筛选合适的评价方法、决定合理的评价周期，完善评价沟通与反馈系统而增强员工与管理层的沟通，帮助员工找出工作的瓶颈，并完善工作内容，达成企业战略目标的推进过程。因此，战略目标始终是贯穿于绩效评价系统过程中重要的风向标。

3.4.2.2 企业文化氛围

企业的文化代表的是企业在管理过程中的价值观，是对事物的价值判断。企业的管理文化能够影响管理者和员工的行为，对绩效评价有极其重要的作用。因此，我们在绩效评价过程中有必要考虑企业文化对评价方法的选择、评价结果的处理的影响，使整个绩效评价符合企业的文化背景。良好的企业文化也会给绩效评价带来一种开拓进取的良好风气，容易激发员工的工作潜能。企业良好文化的大环境对员工的绩效行为将产生持久的激励作用。

企业文化氛围包含企业制度氛围、企业精神氛围与企业环境氛围。组织文化氛围似乎是看不见、摸不着的抽象的影子，但对绩效评价系统的影响是非常深刻的。企业文化氛围是通过企业精神氛围为启动、制度氛围为规则、环境氛围为烘托而影响员工的价值观、行为特征、工作结果和工作效率。绩效评价其实是把员工的工作业绩显山露水地一个个刻画出来，而真实还原员工的业绩涉及各个层面的人员，也涉及事情本身的复杂程度及时间的宽度等。其实这是一个非常复杂的系统评价，因此，相互理解、彼此支持、足够真诚可以为绩效评价系统提供及时的反馈与修复，那样的绩效评价才可能多了一点真实，少了一点对抗，绩效评价系统也才能协同。协同的绩效评价系统必然使绩效评价更加顺利、客观、公正、公平、科学合理。

3.4.2.3 高层管理者的态度

高层管理者是企业管理制度最终的制定者与推动者，而绩效评价系统其实就是由上而下或由下而上的动态管理到静态员工业绩的凝结过程。这一过程的科学实现既需要高层管理者的信心与决心，也需要他们在计划、执行、监督、协调、时间、人力、物力上的支持。高层管理者的态度其实是企业绩效评价系统实施的风向标，直接决定了员工的绩效评价参与度，决定了员工自身对于评价的配合程度。员工认同企业的绩效评价制度，主动参与度就会提高，绩效评价受到的阻力就小；相反，则容易出现不配合甚至是阻碍评价的情况。绩效评价系统的协同程度对高层管理者的态度依存度非常高，高层管理者积极的态度会对整个绩效评价的执行产生深远影响。高层管理者重视可以使绩效评价系统更加协同：职能部门对绩效评价系统的支持程度会更高，评价主体会更认真，评价的配合更流畅，绩效评价的阻力减少，客户的反馈更真实，绩效沟通更顺畅，绩效评价系统自然更加协同。

3.4.2.4　职能部门的支持

绩效评价的实现过程是基于移动互联网的协同型绩效评价系统实现的过程，内容涵盖绩效计划、评价主体、评价客体、评价指标系统、评价方法、评价周期、评价反馈、评价评估等，而每个单元及整体的实现情况都与职能部门的支持息息相关。绩效计划、任务目标的下达是在职能部门的参与下进行的，如果职能部门不配合高层管理者、不认真执行其部门员工的目标分解与确定，那么绩效评价就是苍白的过程；职能部门是评价主体的重要承担者与确立部门、是绩效评价指标系统的信息提供者与绩效指标系统的确定关键环节；职能部门是评价方法与评价周期的关键确立者与操作者；而评价反馈与评价评估，乃至绩效投诉渠道的畅通都需要职能部门的支持。总之，绩效评价系统各个环节能否科学执行、绩效评价系统能够协同发展都必须在职能部门支持中实现。如果职能部门的支持不够高，那么绩效评价系统只能在形式上进行、在内容上缺失、在对抗中增加阻力、在信息中截流、在反馈中失真、在评估中匆忙收场，绩效评价效果可想而知，绩效评价系统不协同也就自然难免。因此，职能部门的支持是绩效评价系统协同的关键环节。

3.4.2.5　信息技术支持

基于移动互联网的协同型绩效评价系统的实现不仅仅是在企业内部各个部门、各个岗位的绩效评价，无论是评价主体的参与、评价方法的抉择、评价指标系统的构建、评价沟通与反馈等环节是跨部门、跨岗位，甚至跨越企业内部实现与外部客户及制造商等的沟通、合作与信息的挖掘，而传统中国文化经常是"多一事，不如少一事""事不关己高高挂起"，那么绩效评价系统的科学建立、运转就必须要有强大的信息技术支持才能及时、准确、多维度挖掘绩效评价系统对应的信息，并且能及时补充到绩效评价系统中。而事实上，管理的本质之一就是对信息的追踪、加工、处理。其实，绩效评价本身就是对滞后信息的评价，如果没有强健的信息技术支持，企业的部门之间、员工之间、时空之间及企业与客户之间的信息就隔离了，绩效就更加滞后，那么绩效评价系统只能是搁浅了的诺亚方舟。Jorgensen（2002）认为，移动互联网技术不仅可以帮助企业用整合的、集中的网络信息替代原先分散的、凌乱的甚至不兼容的信息，从而实现信息的共享，保持信息的透明，而且可以规范企业的绩效管理流程，并与其他流程对接。同时，通过专业人员对信息进行挖掘以承接公司的战略目标，辅助各个层面的管理人员、技术人员做出公平的管理制度及科学决策。目前就主流的 e-HR，Jorgensen（2002）、林娟（2005）、Kehoe 等（2005）归纳出五大特点：第一，可以帮助企业实现集团化的管理模式，即纯互联网架构；第二，可完全按企业需求灵活定制，根据企业不同发展阶段的需求进行二次开发；第三，通过建立资信平台帮助企业实现无纸化办公流程；第四，根据企业的组织结构和管理模式赋予员工相应的管理许可权，对系统进行分散式控制；第五，能够和企业内部其他系统相容，如 ERP、OA、财务软件等。Romero 和 Stone（2007）认为，信息技术还可以更好地支持与基于移动互联网的协同型绩效评价系统的对接，使绩效评价突破时间与空间的限制。同时，企业的各种政策、制度、通知以及培训资料等也可通过互联网发布，有效地改善企业的绩效评价沟通管道，提升企业的形象。

3.4.2.6　绩效报酬

绩效评价的目的不仅仅是对员工的绩效进行发现，也不是简单的排名，而是对员工的工作状态、工作行为、工作结果，乃至周边绩效进行总结，其目的在于发现员工的付出、态度、能力、潜能、认知、企业的认同感等诸多素材，从员工绩效素材中确定员工对企业的贡献程度，并根据员工对公司的贡献度给员工实现绩效报酬，如绩效薪酬、员工培训与开放、职业规划、福利、岗位轮换、解聘等。而这些绩效报酬与员工的利益和发展息息相关，因此容易触动员工敏锐的神经，也容易导致评价主体的感情天平倾斜，还可能使评价指标系统、标准、方法等在绩效报酬的目的性驱使下而存在不准确的情况。Mount（1983）指出，良好的绩效管理系统可以给企业提供关于个人决策的相关信息，帮助企业留任、激励和发展具有生产力的员工。Tannenbaum（1990）将员工绩效管理功能分为衡量业绩、通过绩效回馈发展员工技能，以及对薪酬福利、员工培训等其他人力资源管理功能进行监督三大类。Bussler 和 Davis（2001—2002）则提出 HRIS 系统中的绩效评核功能：追踪企业的核心职能、提供管理者有关员工能力提升及指导的相关信息、使监督者对于训练及管理需求有更高的敏感度、使位于不同区域的分公司能有一致性的绩效管理制度及绩效系统在线探讨和互动。Tangen（2005）指出，成功的绩效管理电子化系统将从管理、控制、计划和执行等方面协助组织获得企业活动决策的相关信息。而 Kavanagh、Gueutal 和 Rogers（2005）则从缺乏高阶主管支持、绩效目标未能与经营目标结合、缺乏职业生涯发展计划、缺乏评估制度有效性的衡量工具、未与其他功能进行结合、沟通不足且缺乏员工参与、对主管如何指导与回馈的训练不足等归纳出绩效管理失败的原因。所有这些说明绩效报酬对绩效评价系统的协同效应也是非常巨大的[①]。

3.4.3 系统本身因素

3.4.3.1 评价主体

评价主体是评价系统的重要参与者、评价方法的使用者、评价指标体系的操作者、评价状况的把握者、评价过程的管控者、评价反馈的信息过滤者、评价评估的建议者，因此它直接影响着绩效评价系统的运行质量。企业追求利益最大化，而员工追求的是自身业绩的效用最大化，企业以绩效评价系统去驱动员工业绩，而员工以绩效评价系统为标杆去度量自己的回报，这一过程相互促进，也有不少冲突。评价主体作为绩效评价的裁判，他们的职业操守、技能、权力寻租、对绩效评价的理解、对其评价客体的工作状态的了解等都直接影响着绩效评价系统的使用及测评出来的员工业绩。同时，制度虽然是无情的，但人情是温暖的，人情在很大程度上会导致评价主体愿意去做"和事佬"，而不愿意去做得罪人的"坏事"。于是，评价主体本身的能力与外界的影响都自觉不自觉地影响着绩效评价系统的科学运用状态。

3.4.3.2 评价指标体系

评价指标体系包括评价指标与权重，它是一种重要的导向性管理与测评指标，不仅衡量静态的组织层面、任务层面、员工层面的绩效，更重要的是导向员工工作绩效的完成、导向任务层面的业绩提高、导向组织层面的目标实现，最终实现企业战略目标。因此，评价指标体系既是企业各个层面绩效评价的标尺，也是绩效评价体系的基石。绩效评价体系的科学性可以让股东清楚了解企业的经营状况，是股东对企业经营者实现监督与约束的重要依据；绩效评价

---

① 黄丹亭，黄同圳. 企业导入电子化绩效管理系统之探讨——以 D 公司为例 [D]. 桃园："国立"中央大学，2011.

体系的科学性是实施合理企业激励制度的客观依据；绩效评价体系的科学性是制订培训计划的可靠保证；绩效评价系统的科学性是实现员工绩效评价的测量仪；在绩效评价体系中，如果绩效评价体系的科学性缺失就会导致利益相关者的考量而偏离了绩效考核的目的，远离了考核的宗旨，那么评价主体、评价方法、评价周期、评价客体、评价反馈与评估在绩效评价体系中必然会失真，绩效评价体系很难协同，甚至是导致绩效评价成为利益、关系、人情的棋子，所以评价指标体系对绩效评价系统的影响非常大。

3.4.3.3　绩效评价方法

绩效评价目的不同，绩效评价方法不同，评价的内容不同，评价的结果不同。绩效评价是运用评价方法去评价工作内容，因为企业在不同发展阶段、不同行业、不同企业、不同人力资源状况、不同的战略目标、不同的岗位工作进展等，那么企业在绩效评价中往往会渗透不同的方法以达成绩效评价的目的。绩效评价方法是为了满足投资者对生产经营活动的了解及帮助他们进行相应的管理策略的调整。但生产与管理、投资者与经营者、员工与管理者、客户与企业之间都存在着信息不对称或者信息故意隐瞒等情境，企业可以借助移动互联网技术拓展信息渠道获取更广泛而真实的信息，以帮助企业确立适合企业发展阶段、企业发展目标、员工岗位工作内容、企业文化的评价方法，而杜绝因为评价方法不当导致评价主体顾忌、评价指标体系偏颇、员工本身隐瞒信息、客户信息反馈不真实等的情况发生，从而使绩效评价系统协同。

3.4.3.4　评价客体

评价客体是绩效的制造者，也是利用移动互联网反映自己绩效的参与者及被其他人反映其绩效的被反映者。评价客体是真正置身于移动互联网与绩效评价中的重要角色，评价主体使用移动互联网的意识、使用移动互联网的频率、对移动互联网的接纳程度、截取其在工作的客观情况职业操守等都是左右绩效评价客观性、考评真实性、管理科学性的重要风向标。

3.4.3.5 评估与反馈

绩效沟通其实应该是绩效评价系统的灵魂，也是绩效评价系统中难度最大、耗时最长、环节最关键、对绩效最有促进效果的步骤。虽然很多企业注重绩效结果的显现，但因为怕麻烦而忽视了绩效评价沟通。而事实上，绩效评价沟通不仅使各个层面的管理有了信息畅通的可能，也可以及时排除绩效考核中的误会与隔阂，更可以增加了解被时空隔离的移动互联网上的信息。绩效评价沟通既有利于绩效评价系统指标的修正与绩效评价方法的科学选取，也有利于管理者对员工工作的指导与调整、对问题的协调与排解、对工作流程与标准的修复。与此同时，信息容易在对称中凸显问题，减少评价主体与评价客体的对抗、减轻管理者与被管理者的对抗、弱化员工与客户的对抗、强化绩效评价体系的真实考核价值，帮助员工提高技能、提升服务、延伸客户服务内容以使其获得价值增长。因此，科学的绩效评价沟通使绩效评价体系所需要的各方面信息在沟通中理解，在理解中真实，在真实中流畅，在流畅中支持，在支持中完善。

3.5 系统运行机理

在基于移动互联网的协同型绩效评价系统中，绩效评价系统是骨架，协同效应是协同神经，移动互联网技术是流通的血液。也就是说，基于移动互联网的协同型绩效评价系统是以绩效评价系统为手段实现绩效管理达成企业管理目标的，但必须要在非常准确的信息基础上才能使绩效评价科学合理，而绩效评价又是时滞了员工的绩效行为、状态、情景等，于是很容易使绩效评价不真实。不真实的绩效评价不仅不能实现绩效管理的目标，还可能像病毒一样传导到绩效评价系统的各个环节，甚至是企业的管理、运营、市场、技术等其他系统。因此，怎么利用移动互联网技术去充分再现员工工作情况，并真实反映到绩效评价系统中，使员工工作表现与绩效评价的结果吻合就成为构建基于移动互联网的协同型绩效评价系统的瓶颈。但从基于移动互联网的协同型绩效评价系统的运行原理我们可以看出，绩效评价系统是由绩效评价体系、信息支持技术、组织机制、绩效管理制度和战略目标五个关键子系统构成的相互管理、共同作用的系统工程，系统中的每个功能都在耦合中推进信息反馈，结成循环往复的信息网与价值网。同时，该系统不断承接外部环境的信息交换修复系统环节，以达成系统动态平衡。绩效评价系统构成因素间的作用程度、作用效果、信息通畅程度、技术支持水平直接决定着绩效评价系统协同的实现强度，而绩效评价系统作为人力资源管理的子系统，处在企业内外环境的多因素共同作用下。因素之间既有无序的，又有有序的；既相互促进，又可能相互对抗；既相互渗透，又可能相互排斥。绩效评价系统中不同子系统之间在内外部相关因素的影响中具有非线性的作用力。因此，协同型绩效评价系统的协同程度不仅仅是各子系统或者子系统各个单元元素协同能力的简单加总，而是各子系统间乃至子系统的各个单元元素之间协同能力相互耦合、相互作用的综合结果，如图 3-3 所示。

　　战略制定是绩效评价的起点，它将确定绩效评价的重点。一般而言，战略目标从企业的高层自上而下转化为具体的战术目标，而绩效指标也会依据战术目标和实际状况做出调整，使所有员工都能明确自己的任务。管理者了解影响长期目标实现的关键因素，员工清楚自己所完成的任务对企业战略目标完成的影响。这个认知的过程在系统的协同中实现，从而有效地克服在传统的管理下，战略制定和战略实施之间的差距问题，并使得各部门能在企业战略的统一下完成协同，实现企业利益最大化。在战略目标分解为阶段性目标后，员工通过对目标的理解做出自己的行为。

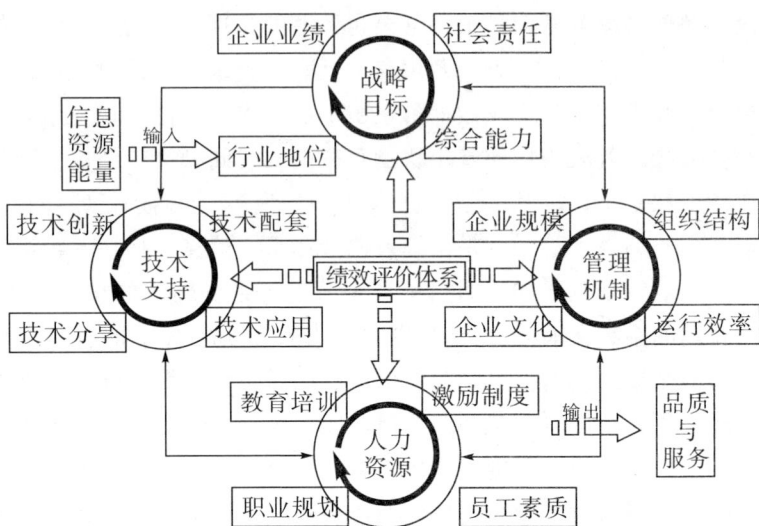

图 3—3 基于移动互联网的协同型绩效评价系统动态管理模式

移动互联网技术是绩效评价的技术支持，它将使信息流实现实时流通。移动互联网改变了人们获取信息的方式。原来基于搜索的方式查找信息转变为在综合相关信息的基础上提供相关性高的信息。在移动互联网技术的发展中，信息数据的挖掘变得更高效和立体。基于云计算技术的租赁式服务，企业可以根据自己的需求选择不同的解决方案。系统中的员工也可以根据自己想了解的方面使用移动终端选择接收信息。二维码的信息储存和手机照相功能的发展，更加快了信息的主动识别。移动互联网技术可以将绩效评价系统的各个部分链接起来，并且通过信息平台的构建，使评价更加准确、科学。而基于位置的信息服务通过移动终端获得的定位服务加速了系统的发展，员工不再受时间、地点的限制，绩效考评中有关位置的信息将得到充分满足。

绩效分解是绩效评价的关键，它能够使绩效评价指标客观反映绩效目标。绩效分解要确认与实现公司战略目标相关的、有助于迅速提升公司绩效的关键流程，同时也必须确认关键流程中的主要风险。绩效评价系统要与企业的发展战略相一致，要综合运用财务性绩效指标和非财务性绩效指标反映企业的生产经营状况，能够及时反映经营环境的变化①。指标的制订是博弈的过程，过高与过低都不利于准确反映员工状况。因此，指标的制订需要具体情况具体分析。

评价指标的制订构造了评价的空间维度，而计划的下达将直接影响评价的进行。基于移动互联网的协同型绩效评价系统在计划下达过程中需要保持自主性，自主配备核心团队、配置资源、充分授权。知识经济时代的到来，具有自主创新精神的知识型员工参与到绩效评价系统中，需要更大的自主权。而绩效评价系统提供自主权有利于员工发挥自主创新能力，增加知识资本的产出效率，为企业的竞争和发展提供原动力。

基于移动互联网的协同型绩效评价系统能够控制和发展员工的机制，通过对员工工作业绩的测量，做出评价和反馈，从而指导员工的工作。这样的系统追求的是在最低的管理成本上提高员工的工作效率，系统本身的作用就能够协调各方力量，在控制工作的过程中，保持灵活性，建立自身的优势。在反馈的过程中，要注意将客户的意见及其他信息进行加工，避免主观臆断、怀疑与测量的偏差。持续的反馈有利于绩效评价系统的协同发展。

绩效管理人员的角色在整个系统实施的过程中发生了转变，在基于移动互联网的协同型绩效评价系统中，管理者使用移动互联网技术对员工的绩效信息进行跟踪和处理，不再是简单的监督者角色，而是人性化的帮助者角色。这个系统的维持主要依靠的是员工的自我评价，以及来自与员工工作相关部分的绩效信息，所有的数据是通过系统进行分类处理的。当整个系统运行时，也可以进行实时的更新。这样的实施是高效和符合发展要求的。

---

① 孟显仕. 企业绩效评价中的非财务指标研究［D］. 北京：对外经济贸易大学，2006.

基于移动互联网的协同型绩效评价系统是以绩效评价系统为基础，以企业战略目标为指挥棒。管理机制是保证绩效评价系统的重要管道，而人力资源状况决定绩效评价的执行效果，技术支持是保障绩效评价准确运行与系统诊断的信息加工机器，只有这些紧密结合才可能使绩效评价系统准确运作。尤其是企业战略目标调整时或者市场变幻的情况下，绩效评价系统、信息支持技术、组织机制、绩效管理制度和战略目标等在协同中反馈信息，在信息中调整，在调整中反馈。因此，企业的高层决策者及绩效评价系统的制订者必须充分认识企业所处的发展阶段、内外部环境、行业地位及自身资源、能力等诸多要素，并根据企业现有的文化特征去制订适合自身企业的战略目标、管理机制、信息平台建设、信息处理水平、人力资源状况、人力资源计划的基于移动互联网的协同型绩效评价系统。

3.6 本章小结

本章第一部分主要对基于移动互联网的协同型绩效评价系统的内涵进行了归纳，以进一步明确研究的内容与方向。第二部分主要梳理了基于移动互联网的协同型绩效评价系统的特性，并刻画了基于移动互联网的协同型绩效评价系统模型。第三部分是对基于移动互联网的协同型绩效评价系统的层次进行了分类，分别是组织层面的绩效评价、部门层面的绩效评价及员工层面的绩效评价。第四部分侧重从影响基于移动互联网的协同型绩效评价系统的企业外部因素、企业内部因素、系统本身因素三个维度进行了归类，然后对这三个维度中的若干要素进行剖析，为第4章寻找影响基于移动互联网的协同型绩效评价系统关键因素作铺垫。第五部分主要是从基于移动互联网的协同型绩效评价系统的相互作用原理的角度分析了系统的目的、作用力、作用路线等运行机理，并构建了协同型绩效评价系统动态管理模式。

第4章 影响基于移动互联网的协同型绩效评价系统关键因素分析

4.1 关键因素相关理论

关键成功因素（Key Success Factor，KSF，或 Critical Success Factor，CSF），以下简称关键要素，最早是由美国的 John R. Commons（1934）提出"限制因子"（limited factor）的观念，常应用于管理及谈判中，目前已成为策略管理及信息管理上的重要应用[①]。Daniel（1961）认为，大部分的产业都具有 2~6 项决定是否成功的关键要素，企业欲获得成功，必须将这些关键要素彻底执行。Porter（1980）认为，关键因素是在考虑产业整体面所有可能的因素后几个重要的关键点。大前研一（1985）认为，企业把资源集中投入于特定领域中以取得竞争优势。Schendel（1987）认为，关键因素为管理者找出影响产业竞争的变量，找出各项关键因素不同的权重值，以便了解关键因素的相对重要性及其在决策评估中的地位。黄营杉（1993）认为，关键成功因素是指企业在产业中经营运作为达到成功所必须具备的重要因素。吴思华（1988）认为，关

---

① 杨奕源，杨英杰，蔡文修. 从平衡计分卡探讨台湾地区中小企业经营之关键成功因素［J］. 中小企业发展季刊，2011，6（20）.

键因素是在特定产业内，要成功地与人竞争所需具备的竞争技术与资产。目前，关键成功因素的常用评估方法包括德尔菲法和层级分析法。何雍庆（1990）认为，运用回归分析法、因素分析法、德尔菲法及层级分析法可以找出关键因素。李湘驹（2003）认为，常用的关键因素研究有层级分析法、回归分析法、因子分析法、德尔菲法四种。

4.2 系统关键因素分析

4.2.1 关键因素归纳

基于移动互联网的绩效评价系统的建立是企业绩效管理的历史趋势，在人员素质、系统化管理、技术设备等方面都有较严格的条件和要求。为了更清楚地了解影响基于移动互联网的绩效评价系统的关键成功因素，本书面对高新企业员工设计了调查问卷，对江西省高新开发区内的企业人力资源部门绩效管理专员，不同层级的管理人员、技术工程人员进行了问卷调查，并整理分析问卷结果。

基于移动互联网的绩效评价系统是一个系统工程，其评估效果受到多维度、多角度、多层次的因素影响，既涉及企业内部的各个部门、各个岗位，企业的管理风格、文化、制度、员工状况等，也涉及企业的外部客户和企业发展所置身的企业组织、文化、员工参与度、客户反馈、系统性能及服务等因素，而这些因素都会极大地影响绩效评价系统的整体协同性。与此同时，影响绩效评价系统的每个单元并非独立，它们会产生交互影响，直接或间接地相互影响。因此，通过了解哪些是关键成功因素，以提升员工整体绩效评价的效果，是构建基于移动互联网的绩效评价系统的必要工作。

不同的文献对传统绩效管理系统功能进行了划分。Mount

（1983）指出良好的绩效管理系统可以给企业提供个人决策的相关信息，帮助企业留任、激励和发展具有生产力的员工。Tannenbaum（1990）将员工绩效管理功能分为衡量业绩、通过绩效回馈发展员工技能以及对薪酬福利、员工培训等其他人力资源管理功能进行监督三大类。Bussler 和 Davis（2001—2002）则提出 HRIS 系统中的绩效评核功能为追踪企业的核心职能、提供管理者有关员工能力提升及指导的相关信息、使监督者对于训练及管理需求有更高的敏感度、使位于不同区域的分公司能有一致性的绩效管理制度及绩效系统在线探讨和互动。Tangen（2005）指出成功的绩效管理电子化系统将从管理、控制、计划和执行等方面协助组织获得企业活动决策的相关信息。而 Kavanagh、Gueutal 和 Rogers（2005）则从缺乏高阶主管支持、绩效目标未能与经营目标结合、缺乏职业生涯发展计划、缺乏评估制度有效性的衡量工具、未与其他功能进行结合、沟通不足且缺乏员工参与、对主管如何指导与回馈的训练不足等方面归纳出绩效管理失败的原因。以上虽然没有更进一步对绩效管理协同效应进行探讨，但是相关的电子化人力资源管理（HRIS）的协同论文也支持了这一点。Al-Shaliby（2011）给出成功的信息化人力资源管理应该是帮助公司目标和相关用户目标同时实现的有效途径，并指出信息质量、系统质量及有用性都是决定 HRIS 成功与否的重要影响因素。Ramezan（2010）和 Bal 等（2012）支持了 Al-Shaliby 的研究，并增加了使用的便利性作为决定 HRIS 成功与否的关键影响因素。本书将在回顾相关文献的基础上归纳出影响协同型绩效评价系统的相关因素，大致分为企业文化、评价主体、指标评价系统、评估与反馈、系统性能、系统服务六个层面，并通过调查问卷挖掘关键因素。本书各个层面的子指标见表 4—1。

表 4-1　基于移动互联网的协同型绩效评价系统的指标体系构建

外生潜变量	X指标	序号	Y指标	序号	内生潜变量
企业文化	团队合作精神	1	岗位职能及分级	1	绩效信息流通协同
	员工职业操守	2	公司政策执行	2	
	员工网络知识技能	3	降低错误率	3	
评价主体	通过移动互联网更了解员工工作	4	信息质量可靠	4	
	通过移动互联网更准确沟通	5	信息收集便捷	5	
	通过移动互联网更公正客观	6	员工、主管、客户之间沟通的协同	6	绩效信息响应协同
指标评价系统	指标设置动态调整	7	绩效评估系统与人才招募之间协同	7	
	权重设置动态调整	8	绩效评估系统与岗位轮换之间协同	8	
	评价方法动态合理	9	员工绩效与绩效激励之间协同	9	
	评价标准动态调整	10	企业内部部门之间知识共享的协同	10	

续表4－1

外生潜变量	X 指标	序号	Y 指标	序号	内生潜变量
评价客体	使用移动互联网客观反映绩效	11	工作场景反映真实	11	绩效评价系统协同
	对互联网信任度	12	能够及时准确处理反映的结果	12	
	使用移动互联网方便	13	方便使用	13	
评估与反馈	利用移动互联网反馈准时	14	员工绩效与岗位绩效产出协同	14	
	利用移动互联网反馈高效	15	员工绩效与岗位绩效重要性协同	15	
	利用移动互联网反馈更容易理解	16	绩效评价系统的单元调整协同	16	
系统性能	信息网络平台技术良好	17	绩效评价系统的单元调整协同效率高	17	
	系统挖掘信息技术良好	18	绩效评价系统协同效果好	18	
	系统流程设计合理	19			
	系统操作界面人性化	20			
系统服务	企业支持度高	21			
	员工绩效与报酬联动	22			
	员工相应技能培训	23			

4.2.2　调查问卷的指标设计

　　基于移动互联网的协同型绩效评价系统功能的有效发挥受到企业文化、评价方法、评价指标体系、评价主体素质、系统化管理、技术设备等方面的影响。为了更清楚地了解影响基于移动互联网的协同型绩效评价系统的关键成功因素，本书对江西省高新开发区内的人力资源部门绩效评价专员及管理人员、技术工程人员进行了问卷调查，问卷采用 7 级量表（非常不同意＝1，非常同意＝7），发放了 1200 份问卷，收回 1159 份，删除相关度高或残缺项多的样本，有效问卷为 1129 份。调查人员总体分布的具体情况见表 4－2～表 4－7。

表 4－2　年龄结构及比例

年龄阶段	人数	比例（%）
20 岁以下	17	1.5
21～30 岁	444	39.3
31～40 岁	476	42.2
41～50 岁	160	14.2
51～60 岁	32	2.8

表 4－3　文化结构及比例

文化层次	人数	比例（%）
初中及以下	183	16.2
高中（中专、技校）	698	61.8
大专	150	13.3
本科	95	8.4
硕士及以上	3	0.3

表 4－4　工种结构及比例

工种层次	人数	比例（%）
生产	620	54.9
销售	30	2.7
管理	151	13.4
研发	20	1.8

续表4-4

工种层次	人数	比例（%）
后勤服务	62	5.5
技术	64	5.7
维修	102	9.0
其他	80	7.1

表4-5　职位结构及比例

职位层次	人数	比例（%）
经理	10	0.9
车间主任	33	2.9
主管	65	5.8
班长	125	11.1
专员	44	3.9
专业技术人员	44	3.9
组长	57	5.0
普通职工	139	12.3
其他	612	54.2

表4-6　工作年限结构及比例

工作年限	人数（%）	比例
0～2 年	120	10.6
2～5 年	252	22.3
5～10 年	290	25.7
10～20 年	327	29.0
大于 20 年	140	12.4

表4-7　入司年限结构及比例

入司年限	人数	比例（%）
0~2 年	191	16.9
2~5 年	327	29.0
5~10 年	400	35.4
10~20 年	140	12.4
大于 20 年	71	6.3

表4-1右边列出基于移动互联网的协同型绩效评价系统协同效应的指标体系，左边列出影响协同效应的指标体系。为验证调查量表的信度、效度，并找出关键因素，本书选用 SEM（结构方程模型）分析影响基于移动互联网的协同型绩效评价系统功能和协同效应的关键因素，度量各个影响因素与绩效评价系统协同效应之间的关系。外生潜变量设为 6 个，分别为企业文化、评价主体、指标评价体系、评估与反馈、系统性能和系统服务；内生潜变量设为 3 个，分别为绩效信息流通协同、绩效信息响应协同和绩效评价系统协同，整个指标体系具体见表4-1。

4.2.3　结构方程模型简介

结构方程模型包括测量方程和结构方程两部分。其中，测量方程用来描述指标与潜变量之间的关系，用下述模型表示：

$$\begin{cases} \boldsymbol{X}_m = \boldsymbol{A}_X \boldsymbol{\xi} + \boldsymbol{\delta} \\ \boldsymbol{Y}_n = \boldsymbol{A}_Y \boldsymbol{\eta} + \boldsymbol{\varepsilon} \end{cases}$$

测量方程的第一个等式是描述外生指标和外生潜变量之间的线性关系，第二个等式是描述内生指标和内生潜变量之间的线性关系。具体的符号说明：$\boldsymbol{X} = (x_1, x_2, \cdots, x_m)^{\mathrm{T}}$ 是由 m 个外生指标构成的列向量，$\boldsymbol{\xi} = (\xi_1, \xi_2, \cdots, \xi_u)^{\mathrm{T}}$ 是由 u 个外生潜变量构成的列向量；$\boldsymbol{A}_X$ 是一个 $m \times u$ 维的矩阵，称为 $\boldsymbol{X}$ 在 $\boldsymbol{\xi}$ 上的因子负荷阵，描述了外生指标与外生潜变量之间的关系；$\boldsymbol{\delta} = (\delta_1,$ $\delta_2,\ \cdots,\ \delta_m)^{\mathrm{T}}$ 是 m 维的误差项列向量。$\boldsymbol{Y} = (y_1,\ y_2,\ \cdots,\ y_n)^{\mathrm{T}}$ 是由 n 个内生指标构成的列向量；$\boldsymbol{\eta} = (\eta_1,\ \eta_2,\ \cdots,\ \eta_\nu)^{\mathrm{T}}$ 是由 ν 个内生变量构成的列向量；$\boldsymbol{A}_Y$ 是一个 $n \times \nu$ 维的矩阵，称为 $\boldsymbol{Y}$ 在 $\boldsymbol{\eta}$ 上的因子负荷阵，描述了内生指标与内生潜变量之间的关系；$\boldsymbol{\varepsilon} = (\varepsilon_1,\ \varepsilon_2,\ \cdots,\ \varepsilon_n)$ 是 n 维的误差项列向量。

结构方程模型的第二部分是结构方程。结构方程用来描述外生潜变量与内生潜变量之间的关系，用下述模型表示：

$$\boldsymbol{\eta} = \boldsymbol{B}\boldsymbol{\eta} + \boldsymbol{\Gamma}\boldsymbol{\xi} + \boldsymbol{\gamma}$$

其中，$\boldsymbol{\eta}$，$\boldsymbol{\xi}$ 同测量方程中的定义；$\boldsymbol{B}$ 是一个 $\nu \times \nu$ 维的矩阵，描述内生潜变量之间的关系；$\boldsymbol{\Gamma}$ 是一个 $\nu \times u$ 的矩阵，是 $\boldsymbol{\eta}$ 在 $\boldsymbol{\xi}$ 上的因子负荷阵，描述外生潜变量对内生潜变量的影响；$\boldsymbol{\gamma} = (\gamma_1,\ \gamma_2,\ \cdots,\ \gamma_\nu)^{\mathrm{T}}$ 为一个 ν 维结构模型残差项列向量，反映了模型中未能解释 $\boldsymbol{\eta}$ 的部分。

20 世纪 80 年代开始，结构方程模型在管理学领域便得到了广泛应用，结构方程模型参数估计的基本思想是使得模型隐含的协方差矩阵与样本协方差矩阵"差距"最小。最常用的结构方程模型参数估计方法是极大似然函数法。目前处理结构方程模型的软件也很多，常用的软件有 AMOS、LISREL、EQS Mplus、MX 等。本书用 AMOS 软件实现参数估计。

4.2.4　结构方程模型路径及参数估计

在指标设计的表 4-1 中，列出了影响"基于移动互联网的协同型绩效评价系统"协同效应的指标体系。首先采用 t 法则判断模型是否可以识别，t 为模型中自由估计的参数个数；$m+n$ 为可观测变量的个数，m 为外生变量个数，n 为内生变量个数。模型可识别的一个必要条件：$t \leqslant (m+n)(m+n+1)/2$，本书路径图中是 97 + 44 = 141 ≤ 35 × 36/2 = 630，因此模型可识别样本个数至少要超过

1200 个。因此，本调查发放了 1200 份问卷，收回 1159 份，删除相关度高或残缺项多的样本，统计的有效问卷为 1129 份。

对回收的问卷进行信度检验，9 个潜变量信度检验结果见表 4-8。各个潜变量的 Cronbach's Alpha 系数都在 0.7 以上，总量表的 Cronbach's Alpha 系数为 0.861，信度检验的可靠性统计量表说明，调查问卷的可靠性较高。

表 4-8　可靠性统计量表

外生潜变量	可测变量个数	Cronbach's Alpha	内生潜变量	可测变量个数	Cronbach's Alpha
企业文化	3	0.795	绩效信息流通协同	5	0.865
评价主体	3	0.778	绩效信息响应协同	5	0.870
指标评价系统	4	0.811	绩效评价系统协同	5	0.867
评估与反馈	3	0.769			
系统性能	4	0.833			
系统服务	3	0.789	总体	35	0.861

AMOS 7.0 的输出结果给出了未标准化和标准化两种情况下，各因子负荷的估计值以及与各负荷相应的标准差估计值和 P 检验统计量值。P 值小于 0.1 时，路径系数和因子负荷系数估计值在 10% 的显著性水平下是显著不为零的。AMOS 7.0 运行之后，输出的系数估计结果及方差估计结果中的 P 值都小于 0.10，因此路径系数和因子负荷系数显著不为零。本书列出标准化情况下的参数估计结果，具体参数值如图 4-1 所示。

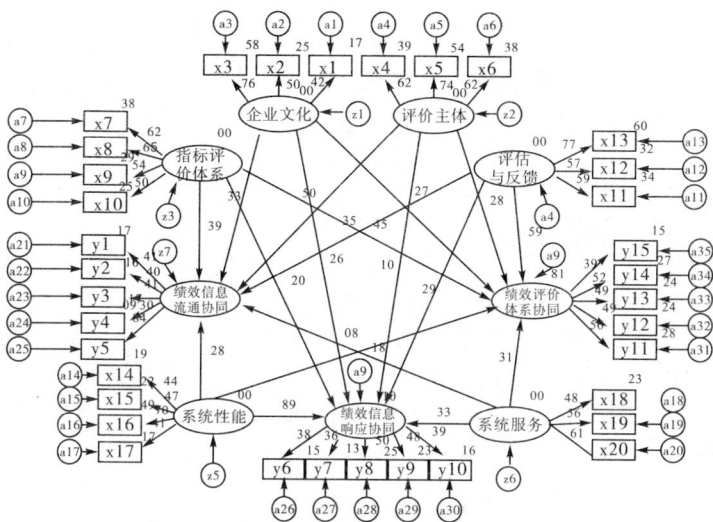

图 4-1　参数估计结果

为了更好地观察负荷因子和路径参数，列出 AMOS 中的系数估计结果及方差估计结果，具体见表 4-9 和表 4-10。

表 4-9　系数估计结果

			未标准化路径系数估计	S. E.	C. R.	P	Label	标准化路径系数估计
LV8	←	LV1	0.154	0.042	3.638	***	par_25	0.243
LV8	←	LV4	0.225	0.046	4.856	***	par_26	0.357
LV8	←	LV3	0.156	0.039	4.051	***	par_27	0.237
LV7	←	LV1	0.355	0.058	6.161	***	par_28	0.481
LV9	←	LV4	0.473	0.064	7.441	***	par_29	0.584
LV9	←	LV2	0.222	0.043	5.143	***	par_30	0.294
LV9	←	LV1	0.225	0.061	3.692	***	par_31	0.277
LV9	←	LV3	0.418	0.055	7.601	***	par_32	0.493
LV7	←	LV3	0.288	0.048	5.979	***	par_33	0.375

续表4-9

			未标准化路径系数估计	S. E.	C. R.	P	Label	标准化路径系数估计
LV7	←	LV2	0.328	0.043	7.571	***	par_34	0.480
LV7	←	LV4	0.144	0.050	2.856	0.004	par_35	0.196
LV8	←	LV2	0.052	0.033	1.574	0.015	par_36	0.088
LV7	←	LV5	0.201	0.055	3.636	***	par_37	0.255
LV8	←	LV5	0.353	0.070	5.046	***	par_38	0.521
LV8	←	LV6	0.401	0.055	7.317	***	par_41	0.533
LV9	←	LV5	0.138	0.062	2.229	0.026	par_42	0.158
LV7	←	LV6	0.092	0.053	1.727	0.084	par_43	0.105
LV9	←	LV6	0.080	0.063	1.278	0.101	par_44	0.083
x10	←	LV3	1.000					0.553
x9	←	LV3	1.295	0.098	13.234	***	par_1	0.701
x8	←	LV3	1.036	0.085	12.127	***	par_2	0.570
x7	←	LV3	1.302	0.095	13.658	***	par_3	0.718
x1	←	LV1	1.000					0.580
x2	←	LV1	1.105	0.121	9.145	***	par_4	0.614
x3	←	LV1	1.060	0.098	10.790	***	par_5	0.605
x11	←	LV4	1.000					0.565
x12	←	LV4	0.932	0.094	9.948	***	par_6	0.543
x13	←	LV4	1.081	0.104	10.443	***	par_7	0.622
x4	←	LV2	1.000					0.618
x5	←	LV2	1.245	0.120	10.370	***	par_8	0.762
x6	←	LV2	0.761	0.077	9.850	***	par_9	0.482
x17	←	LV5	1.000					0.525
x16	←	LV5	1.010	0.124	8.133	***	par_10	0.560

续表4-9

	未标准化路径系数估计	S. E.	C. R.	P	Label	标准化路径系数估计
x15　←　LV5	1.001	0.103	9.749	***	par _ 11	0.539
x14　←　LV5	1.002	0.099	10.107	***	par _ 12	0.536
x18　←　LV6	1.000					0.479
x19　←　LV6	1.742	0.226	7.711	***	par _ 13	0.812
x20　←　LV6	0.955	0.101	9.458	***	par _ 14	0.460
y11　←　LV9	1.000					0.501
y12　←　LV9	0.934	0.060	15.612	***	par _ 15	0.488
y13　←　LV9	0.937	0.061	15.310	***	par _ 16	0.473
y14　←　LV9	0.937	0.063	14.944	***	par _ 17	0.477
y15　←　LV9	0.904	0.067	13.566	***	par _ 18	0.434
y5　←　LV7	1.000					0.465
y4　←　LV7	1.147	0.073	15.812	***	par _ 19	0.535
y3　←　LV7	0.902	0.070	12.871	***	par _ 20	0.412
y2　←　LV7	1.012	0.071	14.217	***	par _ 21	0.467
y1　←　LV7	0.901	0.069	13.112	***	par _ 22	0.415
y8　←　LV8	1.262	0.096	13.130	***	par _ 23	0.515
y7　←　LV8	1.155	0.092	12.592	***	par _ 24	0.457
y6　←　LV8	1.093	0.090	12.172	***	par _ 39	0.429
y9　←　LV8	1.153	0.087	13.200	***	par _ 40	0.464
y10　←　LV8	1.000					0.394

注："***"表示0.001水平上显著,括号中是相应的 C. R. 值,即 t 值。

表 4-10 方差估计结果

	方差估计	S. E.	C. R.	P	Label
z4	1.022	0.143	7.128	***	par_45
z2	1.182	0.157	7.522	***	par_46
z1	1.014	0.146	6.954	***	par_47
z3	0.935	0.119	7.888	***	par_48
z5	0.882	0.140	6.303	***	par_49
z6	0.716	0.127	5.624	***	par_50
z8	0.079	0.029	2.708	0.007	par_51
z7	0.156	0.038	4.069	***	par_52
z9	0.149	0.046	3.232	0.001	par_53
a10	2.118	0.115	18.371	***	par_54
a9	1.624	0.111	14.589	***	par_55
a8	2.081	0.115	18.090	***	par_56
a7	1.489	0.108	13.830	***	par_57
a1	1.998	0.137	14.535	***	par_58
a2	2.047	0.159	12.896	***	par_59
a3	1.968	0.138	14.304	***	par_60
a11	2.180	0.138	15.839	***	par_61
a12	2.120	0.131	16.144	***	par_62
a13	1.899	0.139	13.617	***	par_63
a4	1.916	0.141	13.620	***	par_64
a5	1.321	0.168	7.884	***	par_65
a6	2.261	0.121	18.709	***	par_66
a17	2.317	0.144	16.117	***	par_67
a16	1.971	0.142	13.866	***	par_68
a15	2.162	0.131	16.559	***	par_69

续表4-10

	方差估计	S. E.	C. R.	P	Label
a14	2.193	0.145	15.081	***	par_70
a18	2.406	0.142	16.942	***	par_71
a19	1.125	0.260	4.333	***	par_72
a20	2.435	0.143	17.015	***	par_73
a31	2.001	0.109	18.284	***	par_74
a32	1.873	0.099	18.885	***	par_75
a33	2.038	0.108	18.879	***	par_76
a34	1.998	0.104	19.254	***	par_77
a35	2.361	0.120	19.688	***	par_78
a25	2.001	0.105	19.017	***	par_79
a24	1.810	0.101	17.969	***	par_80
a23	2.194	0.111	19.765	***	par_81
a22	2.027	0.107	19.001	***	par_82
a21	2.155	0.109	19.697	***	par_83
a24	1.022	0.143	7.128	***	par_45
a23	1.182	0.157	7.522	***	par_46
a22	1.014	0.146	6.954	***	par_47
a21	0.935	0.119	7.888	***	par_48
a30	2.210	0.110	20.064	***	par_84
a29	1.961	0.106	18.446	***	par_85
a28	1.786	0.101	17.737	***	par_86
a27	2.046	0.110	18.614	***	par_87
a26	2.150	0.113	19.078	***	par_88

注："***"表示0.01水平上显著，括号中是相应的C.R值，即t值。

根据以上输出结果，列出估计测量模型和结构模型的公式表达式如下：

$$
(1) \quad
\begin{bmatrix} x_1 \\ x_2 \\ \vdots \\ x_{20} \end{bmatrix}
=
\begin{bmatrix}
0.580 & 0 & 0 & 0 & 0 & 0 \\
0.614 & 0 & 0 & 0 & 0 & 0 \\
0.605 & 0 & 0 & 0 & 0 & 0 \\
0 & 0.618 & 0 & 0 & 0 & 0 \\
0 & 0.762 & 0 & 0 & 0 & 0 \\
0 & 0.482 & 0 & 0 & 0 & 0 \\
0 & 0 & 0.718 & 0 & 0 & 0 \\
0 & 0 & 0.570 & 0 & 0 & 0 \\
0 & 0 & 0.701 & 0 & 0 & 0 \\
0 & 0 & 0.553 & 0 & 0 & 0 \\
0 & 0 & 0 & 0.565 & 0 & 0 \\
0 & 0 & 0 & 0.543 & 0 & 0 \\
0 & 0 & 0 & 0.622 & 0 & 0 \\
0 & 0 & 0 & 0 & 0.525 & 0 \\
0 & 0 & 0 & 0 & 0.560 & 0 \\
0 & 0 & 0 & 0 & 0.539 & 0 \\
0 & 0 & 0 & 0 & 0.536 & 0 \\
0 & 0 & 0 & 0 & 0 & 0.479 \\
0 & 0 & 0 & 0 & 0 & 0.812 \\
0 & 0 & 0 & 0 & 0 & 0.460
\end{bmatrix}
\begin{bmatrix} \xi_1 \\ \xi_2 \\ \xi_3 \\ \xi_4 \\ \xi_5 \\ \xi_6 \end{bmatrix}
+
\begin{bmatrix} \delta_1 \\ \delta_2 \\ \vdots \\ \delta_{20} \end{bmatrix}
$$

$$(2)\quad \begin{bmatrix} y_1 \\ y_2 \\ y_3 \\ y_4 \\ y_5 \\ y_6 \\ y_7 \\ y_8 \\ y_9 \\ y_{10} \\ y_{11} \\ y_{12} \\ y_{13} \\ y_{14} \\ y_{15} \end{bmatrix} = \begin{bmatrix} 0.415 & 0 & 0 \\ 0.467 & 0 & 0 \\ 0.412 & 0 & 0 \\ 0.535 & 0 & 0 \\ 0.465 & 0 & 0 \\ 0 & 0.429 & 0 \\ 0 & 0.457 & 0 \\ 0 & 0.515 & 0 \\ 0 & 0.464 & 0 \\ 0 & 0.394 & 0 \\ 0 & 0 & 0.501 \\ 0 & 0 & 0.488 \\ 0 & 0 & 0.473 \\ 0 & 0 & 0.477 \\ 0 & 0 & 0.434 \end{bmatrix} \begin{bmatrix} \eta_1 \\ \eta_2 \\ \eta_3 \end{bmatrix} + \begin{bmatrix} \varepsilon_1 \\ \varepsilon_2 \\ \varepsilon_3 \end{bmatrix}$$

$$(3)\quad \begin{bmatrix} \eta_1 \\ \eta_2 \\ \eta_3 \end{bmatrix} = \begin{bmatrix} 0.481 & 0.480 & 0.375 & 0.196 & 0.255 & 0.105 \\ 0.243 & 0.088 & 0.237 & 0.357 & 0.521 & 0.533 \\ 0.277 & 0.294 & 0.493 & 0.584 & 0.158 & 0.083 \end{bmatrix} \begin{bmatrix} \xi_1 \\ \xi_2 \\ \xi_3 \\ \xi_4 \\ \xi_5 \\ \xi_6 \end{bmatrix} + \begin{bmatrix} \gamma_1 \\ \gamma_2 \\ \gamma_3 \end{bmatrix}$$

4.2.5　模型结果分析

结构方程模型可以体现多层次的因果关系，揭示潜变量之间、潜变量与可测变量之间、可测变量之间的结构关系，这种结构关系可以通过路径系数和因子负荷系数的数值表现出来。下面我们借助已有模型公式表达或 AMOS 输出的参数结果，对影响基于移动互联网的协同型绩效评价系统的关键因素进行分析，有以下结论：

（1）模型拟合效果。AMOS 软件结果中有绝对拟合指数、相对拟合指数、信息指数等三类模型拟合指数，每类中又有多个指标。本书选用较常用的相对拟合指数（CFI）、近似均方根误差指数（RMSEA）、整后的拟合优度指数（AGFI）等三个具体指标判断模型的拟合效果，CFI 取值于 0～1 之间，越接近于 1，大于 0.9 时，模型整体拟合越好，介于 0.7～0.9 时，拟合较好（Browne 和 Cudeck，1993）；RMSEA 越小越好，低于 0.1 表示好的拟合，低于 0.05 表示非常好的拟合；AGFI 数值介于 0～1 之间，越接近 1，模型整体拟合越好。本书模型的拟合指数见表 4−11。

表 4−11　模型的拟合指数

指标	CFI	RMSEA	AGFI
数值	0.726	0.104	0.719

结合各个拟合指数的判断标准，模型整体拟合效果尚可，因此，可以通过该模型基于移动互联网的协同型绩效评价系统影响因素的因果关键进行描述。

（2）9 个潜变量在 35 个观测指标上的标准化因子负荷介于 0.384～0.775 之间。在标准化的情况下，指标与潜变量之间的复相关系数是因子负荷的平方。复相关系数介于 0.16～0.63 之间，对应的潜变量能解释指标的 16%～63%，模型的解释效果尚可。

由模型的拟合度、模型系数的统计显著性及模型潜变量解释效果等三个衡量模型效果的判断结果可知，基于移动互联网的模型结果尚可。下面将对模型的结论进行解释。

（3）对绩效信息流通协同 η_1 影响从显著到不显著排序的外生潜变量依次为评价主体 ξ_2（0.504）、指标评价系统 ξ_3（0.394）、评估与反馈 ξ_4（0.345）、企业文化 ξ_1（0.328）、系统性能 ξ_5（0.283）、系统服务 ξ_6（0.176）。可见，被调查人认为，每项因素都会显著影响绩效流通协同功能发挥，但最关键的因素是评价主体，其次是指标评价系统、评估与反馈、企业文化等影响评价系统优劣的传统性因素，而非系统软硬件。这提醒我们，开明的评价主体、科学的评价方法和良好的企业文化将有助于绩效信息流通协同，从而让全体员工更加明确岗位职能及分级，有效执行公司政策，降低绩效评估中的错误，快速有效地收集可靠的绩效评估信息。

（4）绩效信息响应协同 η_2 影响从显著到不显著排序的外生潜变量依次为系统服务 ξ_6（0.893）、系统性能 ξ_5（0.329）、评估与反馈 ξ_4（0.288）、企业文化 ξ_1（0.257）、指标评价系统 ξ_3（0.201）、评价主体 ξ_2（0.099）。该结果表明，除评价主体是弱显著影响外，其他因素都会显著影响绩效评价系统协同功能发挥，但最关键的因素是系统服务，其次是系统性能。因此，通过加强企业的信息平台建设，借助移动互联网技术，保障企业员工、主管、客户之间通过信息平台沟通的协同；促使员工通过绩效评价系统发现自身特长，从而实现岗位轮换之间的协同；借助绩效评价系统的信息平台，积累岗位需要的技能和分工，从而实现人才招募之间的协同；良好的系统服务和性能，保障员工绩效与绩效激励之间的协同，实现企业内部部门之间知识共享的协同。除了系统服务和性能外，评估与反馈、企业文化、绩效指标体系对绩效信息响应协同具有显著正向作用，而评价主体为弱显著。

（5）对绩效评价系统协同 η_3 影响从显著到不显著排序的外生潜变量依次为评估与反馈 ξ_4（0.595）、指标评价系统 ξ_3（0.448）、评价主体 ξ_2（0.283）、企业文化 ξ_1（0.269）、系统性能 ξ_5（0.314）、系统服务 ξ_6（0.082）。最影响绩效评价系统协同的是评估与反馈和指标评价体系。因此，建立科学合理的绩效评价系统将会显著影响员工绩效与岗位绩效产出协同、员工绩效与岗位绩效重要性协同、绩效评价系统的单元调整协同、绩效评价系统与企业其他系统的协同。

4.3 系统关键因素分析结论

构建基于移动互联网的协同型绩效评价系统平台，企业管理不仅可以借助于移动互联网的技术优势，突破空间和时间的限制，实现随时随地进行开放、互动的管理活动，还能使绩效评价活动中评价主体、评价目标、评价客体、评价方法、评价周期、评价指标、评价沟通、评价报告等若干相互作用的子单元具有协同效应，更能使绩效评价系统和人才招聘、在职训练、绩效产出、知识共享等多个其他管理单元协同。

对人力资源专员和 IT 技术专业人员的调查结果证明了基于移动互联网的协同型绩效评价系统将促使绩效评价系统本身及与其他管理职能之间开放、互动的协同效果，在继承传统绩效评估系统的评价方法及指标体系的基础上，改善传统评价系统弱协同的弊端。因此，借助于移动互联网技术，构建移动互联网绩效评价系统将提升企业绩效激励及管理效果，提升员工工作积极性和创造力，有助于企业人力资源价值开发和员工素质的整体提升。

基于调查活动进行的结构方程模型结果，还进一步检验了移动互联网绩效评价系统协同功能及其关键影响因素之间的因果关系。企业文化、评价主体、指标评价系统、评估与反馈、系统性能、系统服务等六个外生潜变量对绩效信息流通协同、绩效信息响应协同、绩效评价系统本身的协同等表示协同功能的三个内生潜变量有显著影响，但影响程度有一定的区别。其中，企业文化、评价主体对信息流通协同功能的影响最为显著，系统性能、系统服务对信息响应协同功能的影响最为显著，评估与反馈和指标评价系统对绩效评价系统本身的协同功能的影响最为显著。

综合本书的调查研究结果发现，充分利用移动互联网技术，实现基于移动互联网的绩效评价系统协同，将大大提升企业员工素质，进而提升企业整体的管理和运营绩效，增强企业竞争能力和生存能力。因此，构建基于移动互联网的协同型绩效评价系统是非常必要和有价值的项目。另外，构建过程必须有完善的支持系统，如本书中的六个外生潜变量在企业经营中的大力打造，营造一个具有良好的企业文化、开放的评价主体、稳定的系统性能、积极的系统服务、完善的评估与反馈系统、科学的指标评价系统等多层次的支持环境，保障基于移动互联网的协同型绩效评价系统协同功能的有效发挥。

4.4 本章小结

本章在借鉴了国内外对绩效评价体系关键因素分析方法的基础上，选取了结构方程法、层次分析法、模糊评价法，以寻找影响基于移动互联网的协同型绩效评价系统的关键因素为着力点，第一部分主要是介绍了关键因素相关理论；第二部分介绍了关键因素分析方法，包括层次分析法、综合指数评价法、数理统计方法、聚类分析法等；第三部分首先对影响协同型绩效评价系统的关键因素进行了归纳，然后设计问卷对江西省高新开发区内的企业人力资源部门绩效管理专员、不同层级的管理人员、技术工程人员进行了问卷调查，再用结构方程的方法对影响协同型绩效评价系统的关键因素进行了分析，分析发现每项因素都会显著影响绩效流通协同功能发挥，但最关键的因素是评价主体，其次是指标评价系统、评估与反馈、企业文化等影响评价系统优劣的传统性因素，而非系统软硬件，这提醒我们，开明的评价主体、科学的评价方法和良好的企业文化将有助于绩效信息流通协同。本章为后续章节研究基于移动互联网的协同型绩效评价模型的构建打下了深刻的基础。

第 5 章 基于移动互联网的
协同型绩效评价系统构建

　　员工绩效评价是通过对员工绩效达成水平进行评估，并将绩效考核结果应用到培训、轮岗、晋升、解聘、薪酬、福利等方面，力求达成企业对企业人力资源的盘点与激励，目的是推动企业管理职能、促进员工职业发展、加强人力资源管理决策、整合企业管理资源，从而实现企业有效管理，降低企业风险，提升企业核心竞争力。然而，无论是在理论上还是在实践操作中都存在诸多弊端，如员工绩效的功利性、过程管理缺失与对抗、评价主体权力的把握与失衡、关系网络的衍生、侧重结果而忽略过程等，导致很多企业对员工绩效评价激情开始，失望结束。随着协同管理理论在企业管理应用中的不断成熟及移动互联网的普及，以员工绩效评价为人力资源管理的基点，以协同管理理论原理为依据，运用以移动互联网技术为信息载体构建的协同型绩效评价系统可以在很大程度上对绩效评价进行有效的管控，从而真正实现员工绩效评价的目的与意义。本章将从协同型绩效评价系统模块基本特征阐述开始，进而构建出基于移动互联网的协同型绩效评价系统模型，在此基础上对通用型、专用型绩效评价功能模块进行开发，并建立绩效评价系统协同效能模型，最后提出协同型绩效评价控制机制及协同型绩效评价业务处理思路。

5.1　系统功能模块特征

企业对员工的绩效评价由部门承担的企业战略目标分解到岗位，落实到员工工作职责、工作过程与工作结果，贯彻着企业文化的评价和总结。而最初的对员工的评价标准是由部门主管负责制定，并指向员工、同事、客户等工作内容相关者检阅员工岗位业绩参与完成转变的情况，基于移动互联网的普及与推广，使绩效评价在跨部门、跨项目、跨组织的评价得以实现，从而证实了绩效评价的可能[①]。借助移动互联网，企业内部人员与企业外部客户，甚至潜在的客户可以围绕员工的工作业绩共同参与，使信息通过各个层面的员工、客户，甚至工作本身实现信息充分对流，协同完成绩效评价，进而大大提高了绩效评价的信度及效度，提升了绩效管理的制度功能，乃至推动了企业管理创新与发展。

基于移动互联网的协同型绩效评价系统在进行绩效评价时，并非简单地独立运作，得出硬性的评价结果数据，而是侧重绩效评价系统各功能模块的协同，借助移动互联网促使数据流在各功能模块之间、各功能模块及其载体之间的反馈转换。它是一个动态的数据处理及反馈更新过程。与普通绩效评价系统相比，协同型绩效评价系统模块具有以下六大特征。

5.1.1　相对独立性

基于移动互联网的协同型绩效评价系统的每个模块都有各自不

---

①　Papalexandris，George Ioannou，Gregory Prastacos，et al. An integrated Methodology for Putting the Balance Scorecard into Action［J］. European Management Journal，2005，23（2）：214-227.

同的主体功能，首要承担着模块自身的功能，各个模块都在执行自身主体功能的基础上才可能有科学的数据流入、处理、流出，因此，才可能通过各个模块的实施获取组织部门、员工层面的绩效信息，并且把准确信息加工传递到其他模块，促进其他模块的科学调整。这些模块是相互链接的，但是以独立地对数据进行着不同的处理为基础，各司其责，使得绩效评价过程得以完成。

5.1.2　功能互补性

基于移动互联网的协同型绩效评价系统的各模块协同运作，系统的评价功能才能完成。基于移动互联网的协同型绩效评价系统侧重于通过推动员工的工作行为，使部门、员工的行为与企业的战略连接，着重反映了绩效评价系统的各个模块对企业战略目标的传导作用，而这种传导作用是在绩效评价信息的互动基础上的功能互补，从而促进各个功能模块更好地实现自身的功能。各模块与系统的关系，如同汽车的车身、轮子、发动机与汽车本体的关系，任何一个模块都不可能独立完成评价的过程，只有各模块发挥各自的功能，并且相互配合、相互补充，才能使绩效评价系统这辆车安全、平稳、快速运行到目的地，从而科学实现员工绩效评价。

5.1.3　动态关联性

基于移动互联网的协同型绩效评价系统的动态关联性不仅仅是海量的数据在不断流入，也不仅仅是待处理的评价数据在系统中动态流动，并运行到移动终端上的系统进行处理，随时动态更新的过程，而是评价系统中各个功能模块在动态中变化及其对其他模块的动态影响变化，如数据处理反映市场占有率下降、客户要求服务质量改善、竞争对手策略改变、员工的执行力不够等，那么企业的战略目标就可能转变，导致部门目标的调整，从而员工的相关绩效指标也会动态调整。因此，任何一处数据的变化都会引起其功能模块数据的变化或结构的调整，以产生正确的可靠数据。这些变化是动态变化，是变化中的变化，是关联中的变化，基于移动互联网的协同型绩效评价系统必须具有快速的识别调整能力。

5.1.4　无限开放性

首先，基于移动互联网的协同型绩效评价系统的参与者具有广泛的参与性。基于移动互联网的协同型绩效评价系统是由专家、员工、客户及企业共同参与完成的，评价主体具有相对开放性，尤其是广泛分布的企业客户可以借助移动互联网平台进入系统，参与绩效评价过程。其次，评价数据的采集具有开放性，在评价数据采集时效内，任何合理合法反映员工绩效的数据都可以被提交进入系统。最后，评价系统所依托的移动互联网平台具有广阔的开放性，为评价的参与者提供了不受时间、地点限制的参与机会。

5.1.5　私密性

绩效评价的结果与员工的薪资福利、培训开发、职务升迁等切身利益直接相关，尤其是在评价主体与评价客体心理对抗还存在、管理壁垒还存在的情况下，任何一部分数据的暴露，都必然引起争议，影响组织内外的和谐，甚至造成绩效管控难度加大。因此，系统各模块参与权限的设置必须十分严格，确保不同层面的员工与客户的隐私不受侵犯。

5.1.6　可扩展性

基于移动互联网的协同型绩效评价系统需要具有强大的数据处理功能和反馈机制才能保证绩效评价系统科学，也才能保证评价系统协同。而这些必须在不断扩展的高性能数据库的基础上才能进行完备的技术支持。因此，开发协同型绩效评价系统时，要关注系统的动态开放性，以便系统具有良好的扩展性，能充分延伸绩效评价

系统的信息源，从而保障协同型绩效评价系统的信息及时、准确地
更新。

5.2 构建基于移动互联网的协同型绩效评价系统原则

5.2.1 整体性原则

目前比较全面的"平衡记分卡"评价法虽然从财务角度、顾客角度、内部运作过程和学习与成长等四个方面综合了企业多个评价内容，但在企业具体运作时如何按照企业实际情况选择不同评价内容的研究相对缺乏。基于移动互联网的协同型绩效评价系统的构建要充分考虑不同企业在内外部评价主体、评价目的、评价方法等方面的不同，结合实际情况帮助企业建立起能够满足多方评价主体要求的评价系统。同时充分考虑不同评价内容之间的直接或间接相关性，帮助企业找出经营中存在的根本问题。因此，构建基于移动互联网的协同型绩效评价系统时，要严格遵循整体性原则，实现对企业系统运行的完整性控制。

5.2.2 系统性原则

企业绩效评价是一项复杂的系统工程，由众多利益相关者共同参与。企业是由股东、经理、职能部门人员、企业雇员等组成的一个组织，与外部债权人、供应商和政府部门进行着广泛的信息交换。绩效评价的目标直接关系着各方相关者的切身利益。这就要求在构建基于移动互联网的协同型绩效评价系统时，必须从系统分析的角度出发，不仅对系统内的财务状况、企业文化、员工的积极性和能力以及战略等内部要素进行评价，而且要对系统外的各利益相

关者的关系及其变化、互动作用，所掌握信息分布状况等要素进行
评价。整个评价系统要始终为企业整体利益的最大化服务。

5.2.3　信息化原则

构建基于移动互联网的协同型绩效评价系统的过程，其实是一
个主客观信息的综合集成过程。由于涉及企业中各个子系统之间的
相互协调和整合，可能存在信息不对称的情况。例如，一些部门内
部掌握的信息要多于执行绩效考核的人力资源部门所掌握的信息，
该部门有可能为了自身的利益而拒绝提供全面的信息资源，这样就
会使得信息传递出现阻滞，导致评价结果的不客观。因此，如何将
企业绩效评价信息集成过程中的主观因素降到最低点，以及其对绩
效评价方法、评价内容和评价标准有何影响，都需要进行进一步的
研究。另外，协同型绩效评价系统必然要借助于协同管理系统等新
的技术条件，现代化的、合适的企业内部网及协同管理软件有助于
建立畅通的信息传递渠道，为整个绩效评价系统提供组织基础。

5.2.4　适用性原则

在进行企业绩效评价的实际工作中，是根据评价目的和内容选
择适宜的评价方法，而不是评价主体有一种评价方法就把它应用于
任何问题的评价过程。协同型绩效评价系统是一种比较新的理念，
其构建也没有统一的、成熟的方法。因此，企业构建基于移动互联
网的协同型绩效评价系统并不意味着完全抛弃原有的评价系统，而
应该对不同的评价系统进行比较评价，然后引入科学的集成，消除
评价系统不同对评价结果的影响，并结合企业自身组织结构的类型
和特征进行调整。更重要的是，将协同的理念融入企业管理的过程
中去，为绩效评价系统的改变提供运行基础。

基于移动互联网的协同型绩效评价系统不能仅限于评价主体、
评价方法、评价客体、评价指标系统、评价评估、评价反馈六个单

元模块，这六个单元模块的专业技术如何相互贯通、相互融合、相互支持，从而构成企业的协同型绩效评价系统，如同一座大桥的桥面、桥梁结构、桥墩和桩基，没有这样一座桥就无法打通这六个单元模块的经脉，也无法使信息准确输送到各个单元模块，那么各个单元模块的功能是隔离的。因此，基于移动互联网的协同型绩效评价系统大致由五个层级构成，即绩效评价结构层级、绩效评价运行层级、绩效评价控制层级、绩效评价数据层级和绩效评价应用层级，如图 5-1 所示。

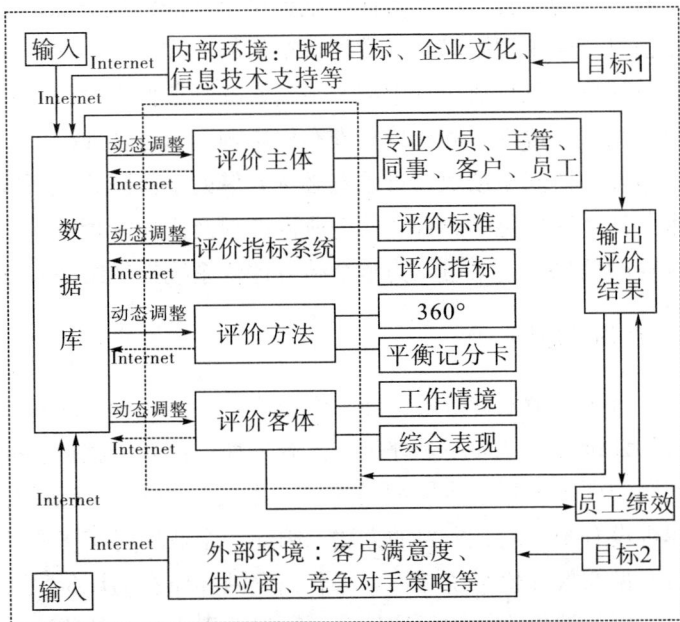

图 5-1　基于移动互联网的协同型绩效评价系统模型

5.3　基于移动互联网的协同型绩效评价系统的结构层级分类

5.3.1　绩效评价结构层级

　　第一层级是绩效评价结构层级，包含评价主体、评价方法、评价客体、评价指标系统、评价评估、评价反馈。这是绩效评价系统的桩基，深度和地质状况都看不见，但却直接影响着桥梁的寿命。第一层级是企业职能部门与人力资源部门关注的，决定着绩效评价系统的架构，而这个架构必须是与企业的战略定位结合，以运营模式及组织定位为切入点，由此确立绩效评价系统的定位①。

　　结构层级是评价系统的核心层，关乎评价系统运行的成效。实施评价的过程中，企业目标首先被分解到各部门，最终细分为员工的绩效目标。背负着一定绩效目标的员工成为绩效评价的客体，将接受评价主体的主客观评价。评价过程中，会涉及评价方法的选择、评价指标系统的确定以及评价反馈的过程。从外围来看，系统呈现的是该评价环节的循环过程，此循环过程在 Internet 下呈阶梯上升状，不断被完善与优化。

5.3.2　绩效评价运行层级

　　第二层级是绩效评价运行层级，包含评价主体怎么确定、评价流程怎么运行、评价过程的沟通。这是桥墩层，看得见摸不到，但直接影响着员工绩效的真实性。第二层级是评价主体与人力资源管

---

　　① Hogan, Dana Shelton. A socioanalytic perspective on job performance [J]. Human Performance, 1998, 11 (2/3): 129-144.

理部门及不同层面的管理者应该关注的，其成果就是真实再现员工绩效保证。

评价系统结构层搭建成功是远远不够的，能否成功运行是关键。及时迅速地沟通，解决系统运行中的问题，完善和强大系统功能是系统实施中不可忽略的。

5.3.3 绩效评价控制层级

第三层级是绩效评价控制层级，包含绩效评价实施的流程，信息的接收、处理，评价系统各个单元的调整。这是桥梁结构，看得见摸不到，其舒适度直接影响着员工绩效的真实性，进而影响战略目标的实现。这一层级是公司中、高层管理人员应该关注的，直接目的是控制好既定的绩效评价系统，及时捕捉绩效评价运行中有悖于不真实测量员工绩效的不适应信息流。

在评价系统运行时，对系统进行合理的前期控制、中期控制及结果控制是保证评价结果真实可靠的必要环节。

前期控制是指在评价开始之初，为保障评价的顺利进行以取得可靠的无偏差的评价结果而进行的控制，包括评价主客体选择，用户权限设置，评价方法、评价指标系统的选择等。

中期控制是指在评价进行时采取控制手段进行的控制，主要为对获取的评价数据的筛选审核。数据的获取是多方向、多角度的，评价主体来源广泛，筛选数据、获取相对可靠的评价数据需要完备的控制环节。获取的数据提交后，由评价专员对数据的合理性进行审核，提出不合理数据，将剩余评价数据提交给部门主管审核。部门主管负责对数据的真实性进行初步查看后提交。

后期控制即结果控制，是指通过沟通、反馈及对评价结果的再次处理来获取无偏差的反映员工真实绩效的结果数据[①]。

如图 5-2 所示，评价系统的控制是一个内外部交错融合的过程，既有系统内部的控制，也有来自外部互联网的控制。

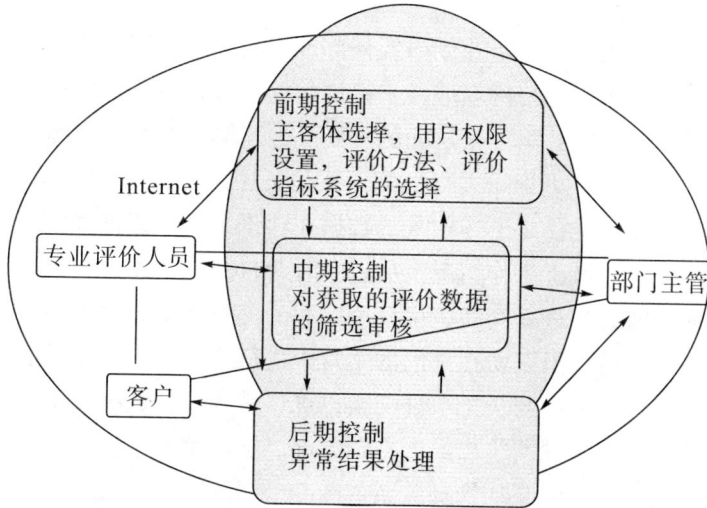

图 5-2　评价系统的控制

5.3.4　绩效评价数据层级

第四层级是绩效评价数据层级，包含评价主体评价表现数据、评价方法认可度数据、评价指标系统数据，是记录人力资源部门业务、核定业绩的重要依据。这是桥面，看得见也摸得到。这一层级是公司全体员工及绩效评价专员应该关注的，目的是充分利用公司内外的各种资源，充分收集、挖掘、运用使绩效评价系统协同的相关数据。

评价系统所利用的数据有来自企业内部的，也有来自企业外

---

① Gibbons，Kevin J. Murphy. Subjective performance measures in optimal incentive contracts [J]. Quarterly Journal of Economics，1994，109（4）：25-56.

部，通过 Internet 获取的，有来自评价系统本身的，也有外部系统输入的。从整个数据层面的角度来看，系统的运行过程实则是相关数据在系统内外流动更新的过程，数据将经过输入、处理、输出等三个环节。

数据输入主要是企业用户及外部客户通过互联网向系统输入评价数据，是企业门户网获取员工评价数据的重要环节。数据交换有四个层面的交换：第一个层面的交换是上述输入的数据在绩效评价专员、绩效评价主管间进行交流，并与员工之前的绩效进行对比；第二个层面的交换是上述输入的数据在评价主体、评价客体、不同层面员工对该员工工作情况及员工平时对自身工作通过基于移动互联网的反映数据进行交换；第三个层面的交换是上述输入的数据在绩效评价专员与员工所在部门的主管中进行交换；第四个层面的交换是绩效评价专员与员工单独交换以确认其绩效。数据输出主要是评价结果通过互联网输出给人力资源部、被评价的主管及被评价的员工，三个环节的互动管理关系如图 5-3 所示。

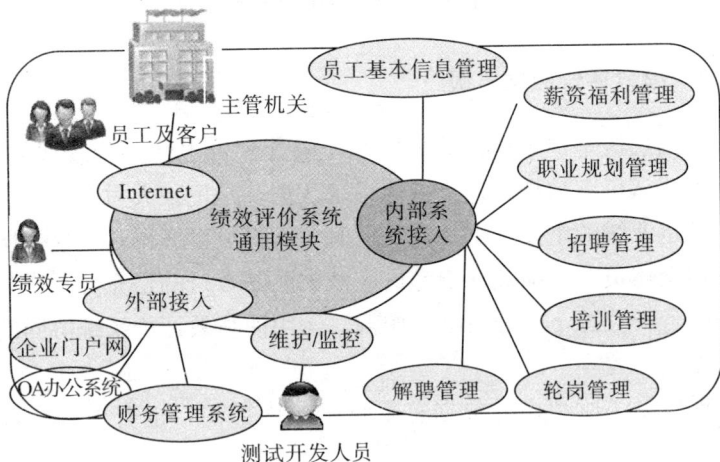

图 5-3　基于移动互联网的协同型绩效评价系统内外部系统架构

5.3.5　绩效评价应用层级

第五层级是绩效评价应用层级，建立协同型绩效评价系统，不是简单地把员工绩效分成三六九等，而是凸显他们在各个岗位上的业绩与对企业的贡献程度，更重要的功能是对员工行为、能力、结果、态度等进行一个绩效盘点，凝结为员工绩效评价结果，目的是根据他们的状态、贡献进行有针对性的绩效诊断与绩效回报，具体表现在薪酬福利、培训开发、晋升、岗位轮换、解聘等方面。包含评价主体评价表现数据、评价方法认可度数据、评价指标系统数据，是记录人力资源部门业务、核定业绩的重要依据。这是桥面，看得见也摸得到。这一层级是公司全体员工及绩效评价专员应该关注的，目的是充分利用公司内外的各种资源，充分收集、挖掘、运用使绩效评价系统协同的相关数据。

人力资源管理系统中包含员工基本信息数据、薪资福利管理数据、职业规划管理数据、招聘管理数据、培训管理数据、轮岗管理数据、解聘管理数据与绩效评价系统数据的内部交换。同时，协同型绩效评价系统并非是独立存在的，它与企业的 OA 办公系统、财务管理系统等进行着密切的数据信息交换。

5.4　基于移动互联网的协同型绩效评价系统通用功能模块开发

一个完整的绩效评价系统，主要包括评价数据采集、评价指标管理、绩效计算、评价结果处理、评价结果输出及系统管理六大核心模块。各模块协调运行，成为绩效评价系统的基本支持，使得员工的绩效过程、行为、结果及各个层面与之业绩群体充分反应，并过滤得到与员工绩效相关联的真实信息，从而使绩效评价得以实现，根据系统设定，对输入数据进行审核、筛选、处理，输出企业需要的数据。绩效评价系统通用功能模块结构如图 5-4 所示。

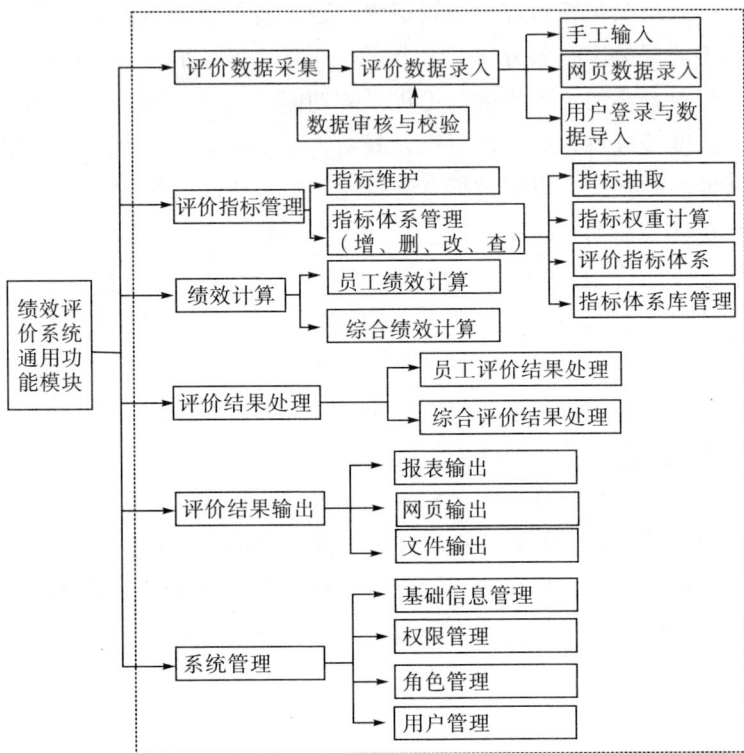

图 5-4　绩效评价系统通用功能模块结构

5.4.1　评价数据采集模块

评价数据采集模块包括评价数据录入和数据审核与校验两个部分。录入的数据经过审核与校验，符合标准的数据被存储到考评数据库，不符合标准的数据将被剔除。

5.4.1.1　评价数据录入

绩效评价系统所录入的数据为绩效评价阶段产生的评价数据，

数据来源包括手工输入的考评数据、网页上获取的评价数据及导入的数据三部分。

（1）手工输入。

手工输入是指考核小组人员通过手工录入的方式，把部门提交的数据录入"绩效考评数据录入表单"的一种数据录入方式。其中部门提交的数据包括：与系统数据导入格式不符的电子形式的绩效考评数据；纸质形式的绩效考评数据；绩效考核结果异常而经过公司规定的程序进行论证，最后调整修正的数据。

（2）网页数据录入。

网页数据录入是指各个层面的用户借助移动终端，通过身份认证登录绩效评价系统，并根据自己的权限进行绩效评价，填写"绩效考评数据录入表单"的一种数据录入方式。如果填写绩效考评数据不合格，那么管理员会制止提交；只有合格了才能提交，一经提交到绩效评价系统，就会自动生成"绩效评价数据录入表单"，并通过移动互联网方式发布到评价主体、评价客体的公文系统；如果评价主体是客户，那么会发送电子邮件给对应的客户，让客户能及时了解评价情况。

（3）用户登录与数据导入。

基于移动互联网的信息平台必须与公司各个部门、分公司及客户、员工进行链接，形成数据同步传递的信息接口，主要包括两部分：一部分是各个部门、分公司及客户、员工将绩效评价的信息传递至信息平台，信息平台通过技术过滤生成绩效数据；另一部分是公司的计划、评价指标系统、评价要求、评价进度、评价沟通反馈渠道等信息及时传导到信息平台及对应的各个部门、分公司、员工、客户，从而确保绩效的进度、效率、规范及信息的及时联动，这也是提升管理功能的重要手段。登录流程如图 5-5 所示。

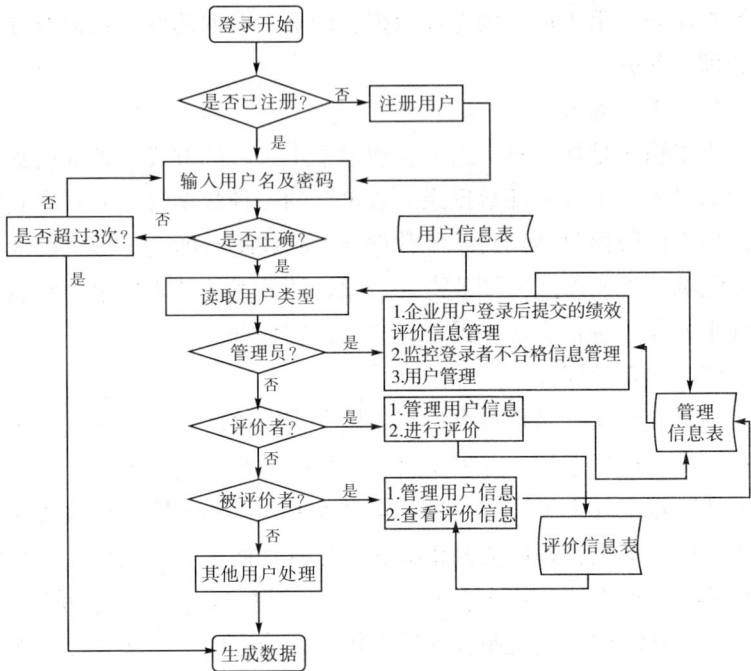

图 5-5　登录流程

5.4.1.2　数据审核与校验

系统数据校验采用数据录入过程自动校验和录完数据后校验两种校验方式。

（1）数据录入过程自动校验。

数据正确是绩效评价顺利进行的基础，所以无论是数据的录入还是数据的输出都必须严格把关。数据录入过程自动校验是指在录入数据过程中，光标每离开一个输入框，都会对刚输入的数据进行校验，及时提示那个数据出错了，以提醒录入者更正数据。校验方法包括数据类型校验、阈值校验、逻辑校验、重复记录校验等。如网页方式录入和手工方式录入采用这种校验方式。

（2）录完数据后校验。

录完数据后校验是指评价系统对通过数据导入方式、数据交换方式录入的数据进行记录完整性、记录重复性、数据类型、数据项阈值、数据逻辑等方面的校验。系统数据校验主要包括数据类型校验、阈值校验、逻辑校验、重复记录校验和记录完整性校验等方法。具体内容：检查输入的数据是否符合数据项的类型；检查某项输入数据的内容是否位于规定范围之内，凡是在此范围之外的数据均属出错；根据业务上各种数据的逻辑性，检查有无矛盾；输入数据或导入数据的时候，检查记录是否有重复输入；数据生成前，检验该条记录的数据是否录入完整。

5.4.2　评价指标管理模块

评价指标管理模块主要实现指标维护和指标系统管理两部分功能。

5.4.2.1　指标维护

指标维护主要包括对指标库里的指标进行增加、删除、修改、查询等操作。系统管理员或者被赋予该操作权限的人员可以对绩效指标进行维护。指标数据项包括指标代码、指标名称、指标级别、父指标、指标添加时间、指标更新时间、指标计算公式、打分方式、最大评分值、最小评分值、指标重要性、指标可操作性、指标敏感性、指标类型和指标说明等。评价指标维护如图5-6所示。

5.4.2.2　指标系统管理

指标系统管理主要是对指标系统进行增加、删除、修改、查询等操作，其中增加指标系统包括指标抽取、指标权重计算和方法集的构建。具体内容：系统管理员在指标库里根据岗位不同选定部分指标，构成一套完整的指标系统的方法；或者系统基于一定的规则随机选定部分指标，构成一套完整的指标系统。随机生成的指标系统必须包含全部核心指标，而扩展指标和备用指标则由系统随机选

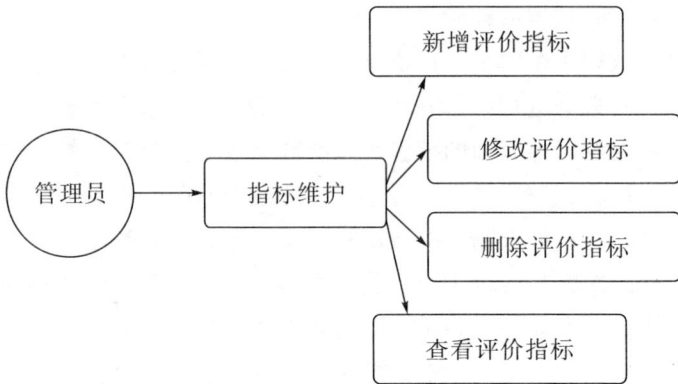

图 5-6　评价指标维护

定。指标权重计算是根据抽取的指标及其重要性，运用结构方程的方法计算各指标权重，依据各选定指标对应的方法构建方法集。

5.4.3　绩效计算模块

基于已构建的指标系统，通过其对应的方法集及各指标权重，将系统采集的绩效评价数据转换为各项指标的绩效值，并计算出不同层面的员工绩效；同时，根据企业战略目标对部门及岗位下达的指标情况，以及企业战略导向给予部门及岗位的绩效侧重点不同，进行对应的加减分，最后计算出各个部门、各个岗位相应的综合绩效。

5.4.4　评价结果处理模块

对绩效计算中得出的综合绩效结果进行分析处理，按照设定的要求及评比标准，得出部门、员工绩效评价数据及部门整体绩效水平，并将这些数据与往年数据的前 5 次评价进行主动对比。如果评价分值属于正态分布，则进入评价反馈模块；如果有些岗位评价分值对比差异在 5％及以上，或者与各个层面的员工与客户利用移动互联网对此岗位员工反映到公司信息平台的工作情况差异比较大，则进入绩效对比模块。对比模块自动弹出此次评价与该岗位员工最近前 5 次评价的具体指标差异分值，并把其置于公司公共信息平台，接受该岗位关联的客户、同事、自身、主管等公共评价。把这些信息收集后，绩效评价专家组对公共评价与评价主体对此次的评价差异情况进行调查分析，专家组修正评价分值，并把修正的具体情况反馈到公司公共绩效评价信息平台公示。如果公示期间没有异议，则专家组的修正分值为最终分值；如果公示期间异议比较大，则继续进行调查、修正，直到异议在允许范围内，则进入评价沟通反馈模块。

5.4.5　评价结果输出模块

评价结果输出包括报表输出、网页输出、文件输出等方式。

5.4.5.1　报表输出

企业管理者可查看部门或企业综合绩效等信息，并通过报表模板打印输出，供决策参考。

报表自定义是指用户可根据具体需求设定报表格式、报表输出范围等。

报表打印输出是指用户根据系统默认的报表模板或自定义的模板格式进行结果输出。

5.4.5.2　网页输出

（1）员工查询。

网页输出是指企业员工通过移动互联网查询自己的绩效评价结果。用户通过身份认证登录移动互联网界面，直接访问系统结果发布页面，查询自己的单项绩效分数、排名情况及评价意见，对评价结果进行确认或者申诉。

（2）管理人员查询。

用户在其对应的操作权限内可自由地选取指标和查询范围进行结果查询，包括综合绩效查询、指标分类查询和单项绩效查询。

5.4.5.3 文件输出

文件输出是指按照考核系统规定的数据格式和文件格式，将评价结果数据文件直接导出。

5.4.6 系统管理模块

系统管理模块主要用来对系统数据进行管理，包括基础信息管理、权限管理、角色管理及用户管理。

5.4.6.1 基础信息管理

基础信息管理，即对系统正常运行时绩效评价过程所涉及参数的管理。

5.4.6.2 权限管理

权限管理的主体是系统管理员，对象是角色，即系统管理员授予角色权限和释放角色权限。权限的内容主要包括对数据的增、删、改、查等操作，以及功能的可用性等。

5.4.6.3 角色管理

角色管理的主体是系统管理员，对象是用户，包括角色创建、角色删除和角色修改。根据企业需求，在引进系统使用前期，系统管理员会给系统创建角色，并对所创建的角色进行管理。

5.4.6.4 用户管理

用户管理主要包括用户注册、为用户分配角色、用户登录认证、维护用户的基本信息、找回密码等功能。

5.5 系统专用评价功能模块开发

基于移动互联网的协同型绩效评价系统就是通过移动互联网将移动通信、互联网和计算机等"云""管""端"链接为一个完备的信息系统，并链接企业内外部资源获取员工绩效评价数据，按照一

定的审核标准，对这些数据进行分析计算，生成评价结果，最终将
绩效评价结果和统计分析数据以报表、网页、文件等形式呈现，供
企业员工、管理者及决策者发现员工的真实绩效状况，并且有针对
性地帮助员工改善绩效，从而提升企业整体竞争力。

　　将基于移动互联网的特性及功能合理地运用到绩效评价系统
中，在通用型绩效评价系统的基础上开发出绩效评价专用模块，如
在线评价模块、自助平台模块、结果处理模块，目的是整合企业资
源，拓展参与评价的人员，畅通绩效信息来源与流动，还原员工工
作投入与结果，得出更全面、更真实的绩效评价结果。绩效评价系
统专用评价功能模块结构如图 5-7 所示。

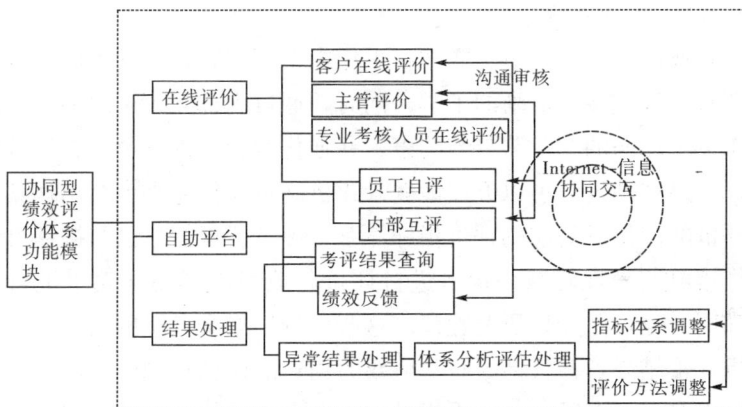

图 5-7　绩效评价系统专用评价功能模块结构

5.5.1　在线评价模块

　　在线评价是指借助于移动互联网平台，在绩效评价数据采集阶
段，用户通过移动设备登录到移动互联网网页上，进入评价系统，
对企业员工绩效进行评价及添加评语。参加评价的用户的身份不
同，系统所赋予的权限不同，登录路径也就不同，大体分为员工自
评、内部互评、主管评价、专业考核人员在线评价、客户在线评

价等。

5.5.1.1　员工自评

　　企业战略目标被逐步分解成部门目标，最终被细分成员工目标，这一过程既有部门领导与不同层面的员工面对面的沟通，也有领导与员工的在移动互联网平台上的沟通，沟通结果达成后，领导将部门目标逐级传导到各个层级，最后形成员工具体指标。在绩效考核阶段，员工需首先根据自己在工作阶段的表现情况，登录自己的用户账户，填写员工绩效自我评价表，同时对自我工作进行简单的总结的评价，该总结及自我评价会通过网络平台主动生成评价结果，并及时反馈给员工及其主管。

5.5.1.2　内部互评

　　企业部门内部，员工之间在工作中密切接触，对员工的各方面表现有比较直接、清晰的了解；同时，通过内部互评可以强调关联工作员工之间的相互监督与约束，并强化沟通。内部员工在评价阶段，通过移动设备可以方便地登录评价网页。信息平台会出现其需要评价的岗位及对应的评价指标体系，评价者根据自己与被评价者工作接触的表现对被评价者进行评价，填写内部互评表单进行评价，同时也可附加评语及建议。这些评价结果会通过网络平台主动生成评价结果，并反馈给有对应权力用户的岗位；同时，网络信息平台也会通过电子邮件、手机及其OA办公系统给予他们提示。

5.5.1.3　主管评价

　　业务主管是员工的直接监管者，对员工的工作行为有指导监督作用，他们最应该知道他们的下属在做什么、做得怎么样、有什么能力以及工作状态如何等，在员工绩效评价过程中起主导作用，其评价对员工绩效的影响重大，也对指导员工进行下一步工作有很好的启示。因此，在员工绩效评价过程中，业务主管不仅参与员工绩效的评价，还会对评价结果进行及时跟进，与被评员工及客户进行及时的沟通，深度挖掘员工绩效存在的问题，以便督促员工改进绩效。评价过程中的数据反馈流程如图 5-8 所示。

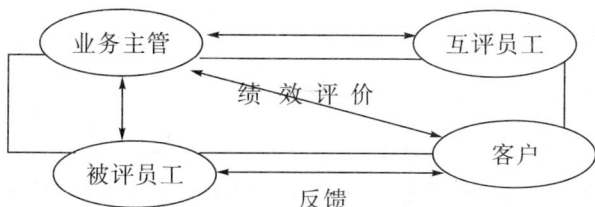

图 5-8　评价过程中的数据反馈流程

5.5.1.4　专业考核人员在线评价

　　企业会根据绩效评价的目的、需要引进专业的绩效考评人员，这些考评人员或是从企业内部选拔出来经过一定培训的人员，或是直接从外部聘请的专家。他们对评价客体的工作非常了解，对岗位的要求非常清楚，对岗位所需要的专业技能非常熟悉，对岗位所承担的责任大小及岗位工作的繁重程度也特别知晓，因此，这些人员组成的专家小组进行专业考核能真实把握评价客体的业绩，并且对特殊情况也掌握得特别清楚，容易达成专业考核的目标。在考评中，会生成部分考评文件，这些文件会直接导入到绩效评价系统中。某些与员工利益相关的特殊指标或者是有专门需要时，考评人员需要登录系统，对员工进行在线评价。

5.5.1.5　客户在线评价

　　客户属于外部评价者，其身份与企业内部评价者不同，因此客户的评价更具有普遍代表性，更容易真实地反映员工的工作行为、态度及结果；同时，也在一定程度上说明了客户对企业的某些希望、对员工工作的某些建议，而这些正是企业所需要关注的信息，也是员工需要改进的方向。在评价系统开放阶段，客户以游客身份注册登录系统，管理员根据公司储备的客户信息库对其确认身份，登录身份被确认后，客户就可以对为其提供工作的员工绩效进行评价，并附加评语；同时，也可以与员工及业务主管进行沟通，将意见及看法进行及时反馈。

5.5.2 自助平台模块

移动终端的引进，让员工与客户不仅可以突破时空的限制去真实传输员工的工作状态、工作行为、工作结果，也能够便捷地参与到绩效评价及管理中来。移动终端、绩效评价平台、员工、客户、管理者及信息系统管理人员共同构成了绩效评价的主体，在评价系统的支持下，协同完成绩效评价的过程。图5-9为评价系统逻辑架构。

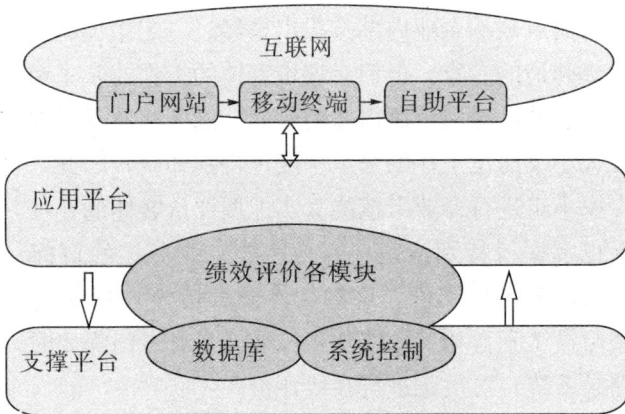

图5-9　评价系统逻辑架构

自助平台是员工参与绩效评价的基础，借助该平台，员工参与绩效自评、员工互评，查看考评结果，同时就评价结果可以与需求相关人员进行沟通。

5.5.2.1 员工自评、互评模块

在绩效评价阶段，员工通过自助平台，用移动终端或PC机登录系统，根据自己的准入权限，并就自己或他人通过移动互联网发送的信息公正地对自我绩效及部门员工绩效进行评价，对有疑虑的

环节可以按照程序及时与需求相关人员进行沟通。如果沟通失败，还可以把自己的疑虑通过公文系统或者绩效评价平台递交给人力资源部门或者绩效评价平台的管理员，由他们将其疑虑提交给对应的绩效管理委员会进行处理。

5.5.2.2　考评结果查询

员工从绩效评价信息平台或者公文系统得到绩效评价结果通知时，可以登录绩效评价系统，查看绩效评价结果及反馈意见，同时可以查看绩效排名。将当前绩效评价结果与以往绩效评价结果进行综合对比，也可以与同一岗位或相近岗位进行总体结果的对比及具体指标的对比，分析找出自身存在的问题。对总体结果或某单项结果有疑虑时，可以通过公文系统或者绩效评价平台递交给人力资源部门或者绩效评价平台的管理员，由他们将其疑虑提交给对应的绩效管理委员会进行处理。

5.5.2.3　绩效反馈

绩效评价结果公示后，评价主体在规定时期内必须与其评价客体进行绩效反馈，反馈必须有理有据。如果评价客体对绩效评价结果存有疑虑，可以要求与评价主体、人力资源管理专员、对应的主管等相关人员进行沟通。沟通结果不满意，评价主体及评价客体都有权利申请上一级管理者对评价客体进行绩效反馈。如果继续失败，评价客体还有一次提出申诉的权利。这样的申诉权利每年只允许有2次，申诉后按照公司绩效评价申诉制度执行，公司绩效管理委员会对绩效评价结果进行最后的审批确认，确认后为最终绩效结果。

5.5.3　结果处理模块

当考评结果出现误差外的错误影响到系统的信度时，结果处理模块会自动弹出异常信号。结果数据经过确认，确实不合理时，将手动生成异常评价表，通过互联网采集新的广泛的信息，包括将异常评价表发布到绩效评价系统、企业内部 Intranet 邮件交流系统、企业门户网站的客户意见及评价栏等移动互联网接入系统中，将获取的数据进行严格的审核校验，通过评价反馈，得出合理的真实反映员工绩效的评价结果。

多次处理数据后得出的结果仍然存在较大偏差时，评价专家及系统分析维护人员需要对评价系统进行分析评估处理。依托在线及自助平台，通过 Internet 信息协同交互，调整指标系统及评价方法，动态优化评价系统。①

5.6 基于移动互联网的协同型绩效评价系统协同效能模型建立

协同型绩效评价系统的协同分为两个层面，即绩效评价系统自身的协同和绩效评价系统应用层的协同。基于移动互联网的协同型绩效评价系统协同运作模型如图 5-10 所示。

5.6.1 绩效评价系统自身的协同

绩效评价系统的通用模块与协同模块共同协作，组建成评价系统的运作躯体。数据流、信息流如同循环的血液在躯体中流淌。评价系统的通用功能模块是核心，如同人体心脏一样，采集来的数据在其内部的各功能模块之间依次流动。评价系统的协同模块则通过自助平台、在线评价，使得血液不断更新，结果处理模块则能及时发现系统问题，具备调整系统偏差、改善评价系统的功能。它们共

---

① Oliver. The effectiveness of strategic political management: A dynamic capabilities framework [J]. The Academy of Management Review Archive, 2008, 12 (33): 496-520.

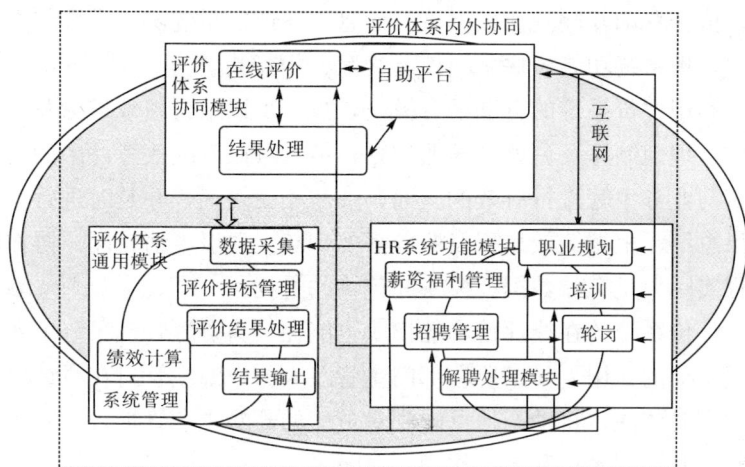

图 5-10 基于移动互联网的协同型绩效评价系统协同运作模型

同协作,进行着数据的交换及系统的调整完善。

5.6.2 绩效评价系统应用层的协同

绩效评价是人力资源管理系统的重要组成部分,是提升人力资源管理系统效率的纽带与催化剂。进行绩效评价,从企业层面来看,不仅可以通过绩效评价结果分析发现员工绩效与岗位要求的差距,也可以根据员工绩效去发现员工对企业的贡献程度,还可以根据员工对企业的贡献程度而给员工确定薪酬福利、培训开发、轮岗、解聘、晋升等提供依据;从员工自身角度来看,则能明确自身绩效状况,作为自身进行合理的职业规划的指导依据。由此可知,绩效评价系统必然与人力资源管理系统的各个功能模块发生信息交互协同。

5.6.2.1 绩效评价系统协同模块与人力资源管理系统功能模块的协同

协同型绩效评价系统的协同并非只限于绩效评价系统内的协同,也包含绩效评价系统外的人力资源管理系统各功能模块的协同。依托移动互联网使数据流、信息流在评价系统协同模块与人力资源管理系统功能模块之间彼此交互、相互共享。

利用评价系统的自助平台模块，员工可以结合绩效目标及绩效结果合理地制订及调整其职业规划；员工可以就绩效考评中的薄弱环节与业务主管进行有效的沟通，参与相关培训，并及时进行培训效果总结；根据绩效目标及业务需要，员工可以申请轮岗。协作的过程实际上是有效数据在模块间传输的过程。

评价系统的在线评价功能模块也能在人力资源管理系统中发挥极其重要的作用。员工所在部门主管及人力资源主管对在线评价结果的实时关注，将动态地反映到对员工的薪酬福利管理、招聘管理上，对其起到修正和借鉴作用。

5.6.2.2　绩效评价系统通用模块与人力资源管理系统功能模块的协同

这里主要是指结果输出模块产生的绩效评价数据对员工招聘、职业规划、培训开发、轮岗、薪酬福利管理等工作的重要借鉴作用，是人力资源部门开展各项工作的重要依据。同时，员工招聘、职业规划、培训开发、轮岗、薪酬福利管理中的数据也是绩效评价结果的重要指示器，能在一定程度上反映出评价结果的准确性。当绩效评价结果与员工已有的薪酬福利水平不匹配时，系统内部的反馈沟通将促使系统不断优化完善。

5.7　基于移动互联网的协同型绩效评价系统控制机制

在绩效评价阶段，有效的控制是科学开展评价的过程保障，是获得公正、公平、合理评价结果的基础。对于协同型绩效评价系统的运行，需要进行过程控制、结果反馈控制及系统控制。图5—11

为基于移动互联网的协同型绩效评价系统控制。

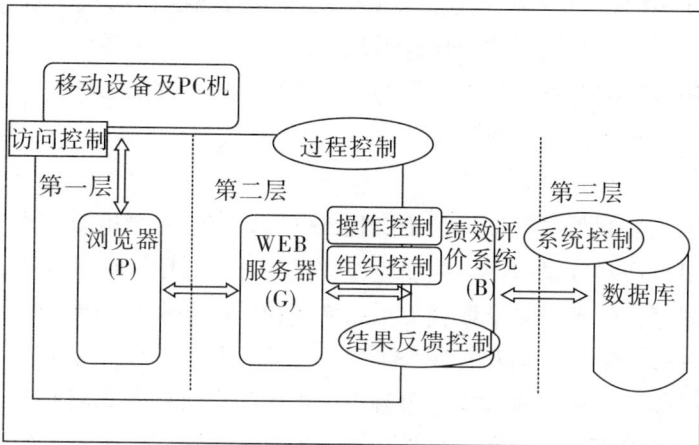

图 5－11　基于移动互联网的协同型绩效评价系统控制

对绩效评价的控制需从三个层面展开，即移动互联网层面的访问控制，系统本体的操作控制、组织控制，以及协同系统层面的结果反馈控制。三个层次共同的控制确保了评价过程的顺利完成。

5.7.1　过程控制

过程控制是指对绩效评价过程的控制，即在绩效评价阶段对评价过程全方位的监督、管理、协调、修复，包括访问控制、组织控制及操作控制。

5.7.1.1　访问控制

评价系统的用户分为两类：一类是来自企业的用户；另一类是来自企业外部的用户，即与企业有利益关系的客户。企业内部用户使用系统的频率较高，绩效评价的过程需要员工来参与，因此，在系统建立基础数据之初，需按一定的规则给企业用户设定统一的登录系统账号，以便员工方便地进入系统，同时有利于用户权限管理。对于外来用户，当需要登录系统对员工绩效进行评价时，首先要注册获取游客权限，在该权限的规定范围内进行相应的操作。

使用的访问控制方式是将用户直接与资源的访问权限联系起来，该过程需要一定的授权管理及维护工作。

访问控制对参与绩效评价的主体进行一定维度的筛选，是绩效评价工作顺利开展的前提。

5.7.1.2　组织控制

组织控制是指在绩效评价过程开展时，组织从制度层面严格而有针对性地对登录权限、数据更改权限、评价权限、反馈权限、申诉权限进行管理，要求职权分离，实现权力的制衡与约束，即将数据处理过程中的权力和责任分为几个部分，每个人仅能完成其权限内的操作，不相容业务绝对限制由一人承担。这样既从权限上对对应的权力者进行了制衡，也从程序上保障了可以直接接触系统及系统数据的人员只能对其权限内的系统程序或数据不当进行改动，从而从组织制度上保证了绩效评价系统既能够海纳百川地接受大数据，又能够保证体系运转的安全可靠。

5.7.1.3　操作控制

操作控制主要解决输入关口的错误，防止因输入错误而导致的谬误蔓延。控制系统对通过移动互联网传输的信息进行挖掘，把非结构化的数据变成结构化的数据，以使系统所接收的数据都经过了严格审核与校验，从而使完整、准确的数据及时输入到绩效评价系统的对应模块。具体可采用如下一些措施：

首先，对系统的每一功能模块都设置操作权限，操作人员均在各自的权限下进行操作。输入操作应记录在操作日志中，以便随时检查。其次，通过逻辑关系控制、总量控制、校验码控制、二次输入控制等措施保证数据传输及数据存储的安全。例如，一方面信息部对数据库的连接访问字符串加密，就算其他用户拿到这个连接访问字符串也会因为没有解密方法而无法访问数据库；另一方面还对数据库进行定时备份，如果发现数据损坏等异常情况可以及时进行恢复。同时，在数据传输的过程中，采用接入账号、传输内容加密的方式保证数据不被篡改和破坏。然后，通过数据类型校验、阈值校验、逻辑校验、重复记录校验等方式保证录入过程。自动校验是指在录入数据过程中，光标每离开一个输入框，都会对刚输入的数据进行校验。同时，加入数据进行记录完整性、记录重复性、数据类型、数据项阈值、数据逻辑等方面的校验。

5.7.2　结果反馈控制

控制论的基本原理，同时也是管理控制职能最基本的原理，即反馈的机理。协同型绩效评价系统建立了评价反馈控制网，员工与业务主管、员工与互评同事、员工与客户及客户与业务主管可以通过它进行评价反馈。反馈的过程也是数据信度和效度审核的过程，减少了主观性、片面性的评价。

对多方采集的数据，经过计算处理，可以得出初步的结果。为了核实数据的准确性，鉴定数据能否真实地反映员工绩效情况，需要对数据进行分析，将合理的数据传输给员工，对存在过大偏差的不合理数据经过沟通反馈进行更正。具体过程如图 5-12 所示。

对经过初步计算处理的数据进行分析统计，生成正态分布曲线图，将样本偏差与系统设定的概率进行对比。若概率大于设定值，则进行差异评价主体数据分析，分析数据的离散程度及偏差程度，二者过大的，则需删除评价数据，重新进行数据统计分析。若概率不大于设定值，则需对员工的各项指标相关度及历史数据进行分析，校验评价结果是否合理，以便更加趋于反映员工的真实绩效情况。在对员工数据的分析中，平均偏差大于设定值时，说明数据出现异常，此时系统将生成评价异常表，并且提示评价专业人员通过 Internet 进行广泛的更为全面的信息采集，采集到的数据会经过专家审核校验，取得正确的评价结果并反馈给员工。

结果反馈的过程也是员工、业务主管及客户借助移动互联网平

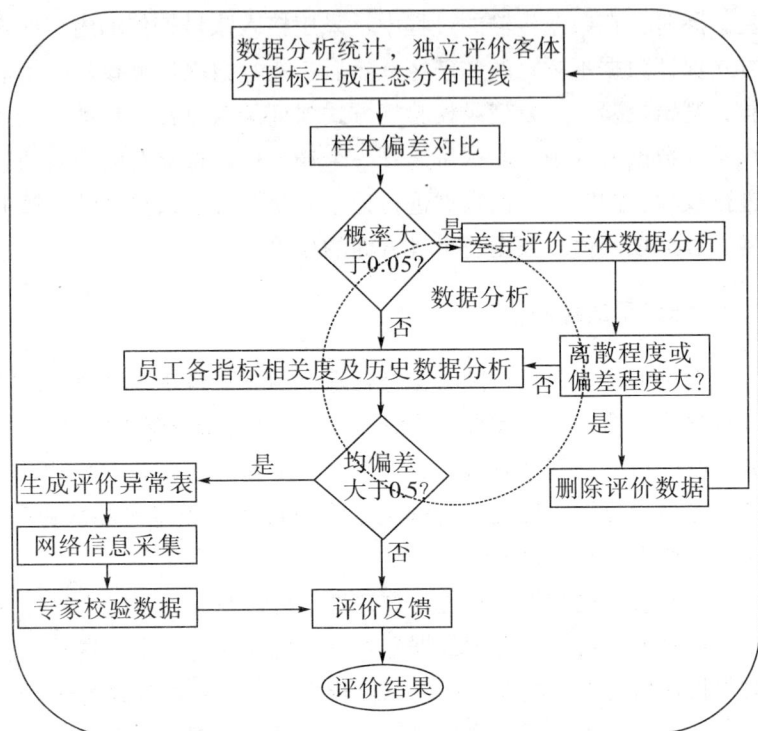

图 5-12　基于移动互联网的协同型绩效评价系统数据分析控制

台协同评价的过程，是一种交互的过程，这也是普通绩效评价系统所不及之处。

5.7.3　系统控制

从绩效评价控制系统的运作机理来看，企业内部评价控制系统的运作主要包括三个方面：建立各类评价系统的指标系统；制定各类评价系统的评价标准；确定评价控制的计分方法，并具体组织实施评价。其中，指标系统是评价的基础和实施路径，判断标准的建立是评价分析的衡量尺度，计分测评是评价结果的统一归集，评价报告是对评价结果的阐述说明。

建立各类绩效评价系统的指标系统、确定各类绩效评价系统的评价标准及实施各类绩效评价系统的具体评价的过程即为系统控制的过程。

5.7.3.1　建立各类绩效评价系统的指标系统

评价指标是评价内容的客观载体，是评价内容的外在表现，在绩效评价控制运作系统中处于最基础的地位。评价指标是评价方法的具体表达，评价思想通过指标设置得以贯彻实施；评价指标是评价结果的形成路径，评价对象通过指标的设置找到了分类和测算的途径。评价指标的设置应遵循以下原则：一是应严格把握评价原则和评价思想的内涵，以保证指标的有用性；二是指标计量结果的获取应具有规范可靠的基础，以保证指标的真实性和可操作性；三是应涵盖企业生产经营的各个要素和环节，以保证指标的全面性；四是应根据评价目标的要求和评价内容的特点，形成逻辑严密且层次分明的系统，以实现指标的系统性；五是指标类型的选择应结合评价内容的特点，定量分析和定性分析应实现有机结合；六是应选取在不同企业中普遍可获得的指标，以保证指标的可比性。遵循以上原则，结合企业评价实际特点，遵循指标选取设置的原则，结合各子系统评价内容的实际特点分别选取指标；根据不同子系统各自的内在逻辑构建评价指标系统；按照一定的科学方法确定不同指标的比重，为指标进行科学统一的计分测量打好基础。

5.7.3.2　确定各类绩效评价系统的评价标准

评价标准是评价结果的衡量尺度，也是评价计分法的形成基础。标准的制定应遵循以下原则：一是评价标准的形式和获得方法应依据评价指标性质的不同而有所变化，如定量指标可采用量化标准，而定性指标则可采用级别标准；二是评价标准的制定应建立在对相关指标信息全面掌握和科学分析的基础上；三是评价标准及其制定原则、方法应该是公开透明的；四是评价标准应当随实际情况变化而适时做出调整。

在上述原则指导下，可确定评价标准的制定步骤（定性指标标准的制定可从第二步开始）。第一步，依据评价指标信息差异度的大小，结合评价对象的实际情况对评价对象进行群体划分，不同群体适用不同的标准值系列，现在通行的分类依据有企业的所属行业、规模和区域等。第二步，采集足够数量的指标信息作为测算标准的基础，应当尽量保证信息的真实、可靠。第三步，结合不同类型指标的特点选择标准制定的方法。定量指标标准值可采用动态功效系数法、多因素指标综合分析法及多层次递进方法等数理统计分析法进行测算，定性指标标准的制定可采用阅读资料法、实地考察法、问卷调查法、查询问证法等方法。第四步，对标准值的科学性、适用性进行检验。

5.7.3.3　实施各类绩效评价系统的具体评价

在企业内部绩效评价控制系统的指标体系和评价标准建立之后，就需要通过评价计分方法量化出最终的评价结果。评价计分方法一般采用一定的计量模型，将不同种类和不同系统的评价指标加以统一量化，最终得出清晰明了的评价结果，然后据此形成评价结论并进一步完成评价报告。评价计分的方法种类较多，就目前而言，采用较为广泛的是针对定量指标的功效系数法、综合指数法、数据标准化法、主成分法、线性规划法等和应用于定性指标的隶属因子赋值法、德尔菲法等。具体评价计分方法可根据评价目标的不同和评价指标、标准的差异，做出不同的行业内部对子公司的评价，一般包括母公司内部有关部门。在母公司认为必要的情况下，工作机构还可以包括外聘的专家和具备相关资质的中介机构。

5.8　基于移动互联网的协同型绩效评价系统业务处理

基于移动互联网的协同型绩效评价系统业务处理流程主要包括评价指标体系生成、数据录入、绩效计算、数据分析处理和结果查询及反馈五大部分，如图 5-13 所示。

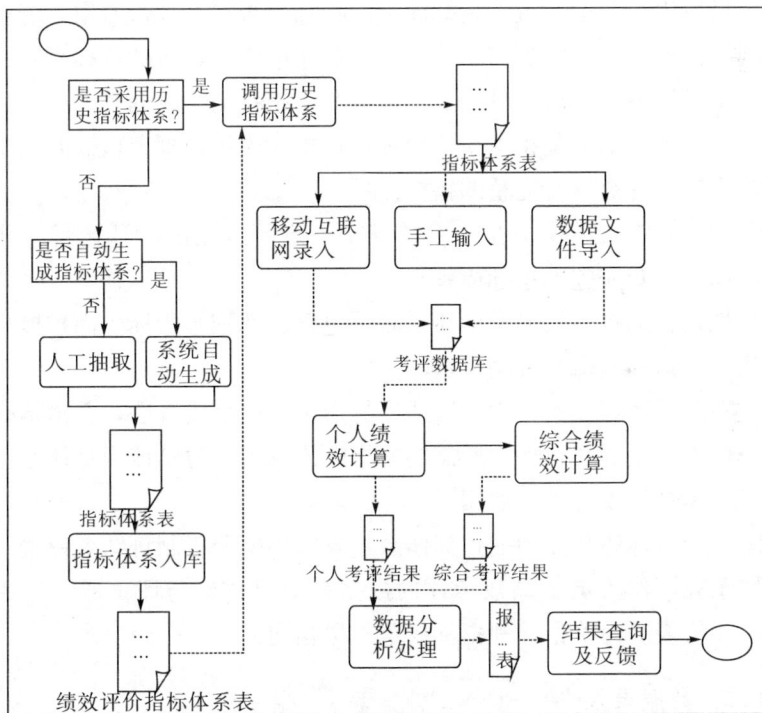

图 5-13　基于移动互联网的协同型绩效评价系统业务处理流程

系统通过网页、手工录入和数据文件导入等多种方式获取员工绩效评价数据，依据制定的指标系统、方法集和指标权重进行绩效计算，并从单项指标、指标分类和综合绩效等多层次对绩效评价结果进行统计分析。用户登录系统可查询绩效考核结果及其他相关信息。

5.8.1　评价指标体系生成

评价初始阶段，企业部门业务主管、绩效主管及专业绩效考评人员组成专家小组，决定是否采用历史指标体系。若为是，则调用历史指标体系；若为否，则进入指标体系生成阶段。专家小组需对组织目标进行分解，查看指标库中的指标是否符合评价需求，能否体现评价的方向。根据需求可以在指标库中添加相应的指标。

指标体系的生成可分为人工抽取和系统自动生成两种。

（1）人工抽取是指由系统管理员在指标库里根据考核需要选定部分指标，构成一套完整的指标体系。

（2）系统自动生成是指系统基于一定的规则随机选定部分指标，构成一套完整的指标体系。

规则：随机生成的指标体系必须包含全部核心指标，而扩展指标和备用指标则由系统随机选定。

根据需要，专家小组选取适当的指标系统生成方法，并给指标赋予权重，生成绩效评价所需要的指标体系。同时将该指标体系存入指标体系库中，进行调用。

调用指标体系库中的指标体系，专家小组分析制订绩效评价指标体系表，作为员工绩效考评的数据采集页。参与评价的主体不同，评价表的评价指标和指标权重不尽相同。

5.8.2　数据录入

企业或部门确定评价时间段，发布绩效评价通知，在系统数据采集时间，用户可登录系统进行评价操作。数据录入分移动互联网录入、手工输入及数据文件导入三种方式。数据来源于员工评价数据录入、客户评价数据录入和绩效主管手工输入的数据及评价数据文件导入。

5.8.2.1　员工评价数据录入

绩效评价数据采集阶段，员工可以通过移动终端设备登录系统进行自评，同时也可以对同一部门员工的工作表现进行评价。

员工是绩效评价的主体，评价的结果与员工的薪资福利、升迁、培训等实际利益密切相关，因此号召员工主动地参与到绩效评价的过程中十分必要。

移动互联网的出现，使得员工能够更加密切地参与到整个绩效评价的动态过程中。员工通过使用移动设备，点击系统图标，在互联网上直接登录评价系统，填写自我绩效评价表并提交。与此同时，员工也可对部门员工的相关绩效指标进行打分，填写部门员工互评表，进行评价。

评价表中的数据经过审核将被存储到考评数据库中。

5.8.2.2　客户评价数据录入

企业的性质不同，核心部门也会不同，但都会与外部客户接触，尤其是销售部、业务部、客服部等部门的人员必然会与外部客户发生较多的接触，顾客对员工绩效的评价对于改善企业产品及服务质量都十分关键。

传统的绩效评价往往忽视了客户评价环节，少数企业会引入顾客评价，但大多数只是在形式上的辅助，未被重视。

协同型绩效评价系统将客户作为评价系统的协同成员，客户参与评价的过程，并对评价起到较为核心的支持作用。

客户通过移动终端进入互联网系统，注册成为低级用户，选择所要评价的部门人员，填写客户绩效评价表及评价意见并提交。

客户评价数据经过沟通审核后，被导入考评数据库。

5.8.2.3　绩效主管手工输入的数据及评价数据文件导入

绩效主管获取的数据分为两部分：一部分来自于绩效业务主管

提交的评价数据；另一部分来自于专业绩效考评人员的考评数据。

这些数据量较大，所以通常绩效主管有授权直接进入系统，将评价数据手工输入或者直接导入考评数据库。

5.8.3 绩效计算

绩效考评数据库中的数据按照一定的标准被存储，属于静态数据，这些数据将被提取出来参与绩效计算。绩效计算分为个人绩效计算和综合绩效计算。

5.8.3.1 个人绩效计算

通过个人绩效计算模块，员工获得个人绩效评价数据。绩效计算并没有统一的标准，企业通常会根据需要，选择合适的标准进行计算，得出绩效结果。

5.8.3.2 综合绩效计算

通过综合绩效计算环节，部门主管获得综合绩效评价结果。

5.8.4 数据分析处理

绩效计算出来的数据量通常是大而乱，能够反映的也只是员工当前绩效的基本情况，协同型绩效评价系统得出的数据具有横向、纵向可比性，数据分析处理功能的实现是基础。

对员工的绩效评价结果，可以按照时间提取出来进行分析对比；当数据出现的偏差超出设定值时，系统会发出异常提示，生成异常评价表，等待评价专员在互联网上重新发布信息，获取评价数据，处理数据得出评价结果。

系统可对部门内部员工评价数据进行分析处理、排序等操作，获取员工的绩效排名。员工登录系统，可选择对应的选项，查看自己的绩效成绩及所处状态，对自我绩效有一个整体的认识。

通过对员工绩效评价数据及综合绩效评价数据进行分析，得出绩效报表，以反映企业整体员工绩效情况，供企业及部门决策者使用。

5.8.5 结果查询及反馈

绩效评价结果产生后，系统用户可以登录系统，查看评价结果，对评价结果有疑问的，可进行沟通反馈。

基于移动互联网的协同型绩效评价系统的评价区别于普通绩效评价，它是一个双向的评价沟通过程，员工、绩效主管、业务主管及顾客之间就绩效问题存在持续的沟通反馈，构成了系统沟通反馈网。在结果查询过程中，员工并非只能单向地被动接受绩效评价结果，而是通过移动互联网与业务主管及绩效主管间存在沟通反馈[1]。

员工通过移动设备方便地登录系统，查询自己的评价结果，对结果抱有疑问时，可与业务主管沟通，将问题反馈给业务主管，业务主管与绩效主管进一步查看分析数据，确定数据确实不合理时，可手动生成异常评价表，通过互联网采集新的广泛的信息，包括将异常评价表发布到绩效评价系统、企业内部 Intranet 邮件交流系统、企业门户网站的客户意见及评价栏等移动互联网接入系统中，对获取的数据进行严格的审核校验，通过评价反馈，得出合理的真实反映员工绩效的评价结果，获得员工的认同[2]。多次处理数据后得出的结果仍然存在较大偏差时，评价专家及系统分析维护人员需要对系统进行分析评估处理。如果评价意见员工认同，则点击"同意"，提交给主管，完成绩效评价过程。异常结果处理流程如图5-14所示。

① 张铁男，张亚娟，韩兵. 基于系统科学的企业战略协同机制研究 [J]. 科学与科学技术管理，2009（12）：140-147.
② 高宏伟. 产学研合作模式选择的博弈分析 [J]. 沈阳工业大学学报（社会科学版），2011，4（2）：141-146.

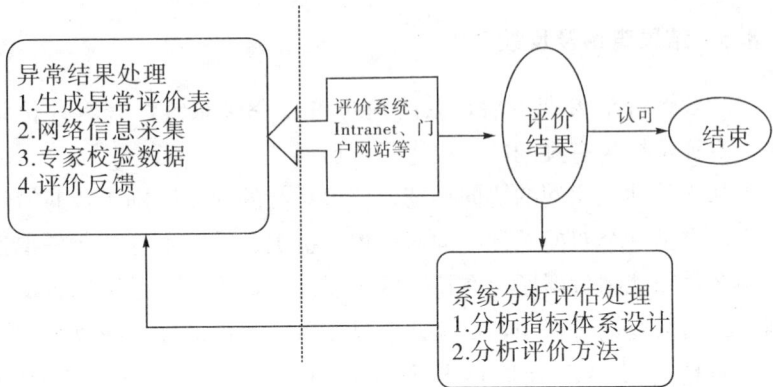

图 5-14　异常结果处理流程

5.9　本章小结

本章在借鉴国内外绩效评价理论、协同理论、移动互联网等研究成果的基础上，以企业实现员工绩效评价的目的为主题，以员工绩效评价系统的协调性为着力点，通过移动互联网技术植入员工绩效评价系统中，修正员工绩效评价在理论与实践中存在的问题，从而真正实现企业对员工绩效的评价。大致路线如下：从协同理论、企业管理、绩效管理等相关理论归纳了基于移动互联网的协同型绩效评价系统模块的基本特征；依据其基本特征，结合移动互联网技术特征把绩效评价的过程、结果、目的通过信息流的形式传导到绩效评价系统的各个单元及绩效评价的应用系统中，并构建出基于移动互联网的协同型绩效评价系统模型；对通用型绩效评价功能模块和专用型绩效评价功能模块进行了开发，使绩效评价能围绕着员工真实的绩效，从数据的来源、数据的录入、数据的过滤、数据的流动、数据的测试、数据的修复、数据的评估、数据的确定等进行了功能模块的设置，从而保障员工绩效评价科学合理；建立了基于移动互联网的协同型绩效评价系统效能模型，最后提出了基于移动互联网的协同型绩效评价系统的控制机制及业务处理思路。通过对基于移动互联网的协同型绩效评价系统的构建，企业达成绩效评价系统本身的整体性协同及与绩效评价应用层面的协同。绩效评价系统是一个复杂的系统，由多个子系统组成，相互间非线性作用，并受其他系统的影响与作用；同时，协同作用的效果决定协同总和的放大效应。各子系统间的非线性作用形成系统整体的自组织动态变化，呈现和放大系统整体协同效应。同时，移动互联网技术使绩效评价系统的各个单元之间相互联通，各个单元的信息传递不仅可以协同其他单元的修复与调整，也使得绩效评价系统整体实现协同。该协同型绩效评价系统具有以下特征：

第一，系统中的子系统在相互作用中调整。子系统的相互关联作用程度体现了整个系统的协同效果。传统的绩效评价系统中的各个子系统之间是相互隔离的，基本上没有信息传递，也没有协同调整，因此子系统无互动，协调效果非常差。而以移动互联网技术为接口，以绩效评价系统为系统，强调信息的交流与互动的协同型绩效评价系统可以使子系统在动态中不断调整，实现各子系统之间的相互联动，使得评价系统在动态中实现整体的协同。

第二，系统中的子系统在相互作用中协同。绩效评价系统是一个非常复杂的系统，不仅因为其自身由多个子系统构成，相互地非线性作用，而且受太多因素的影响。因此，本书为了提高系统的协同性，在构建系统时充分考虑了不同信息主体的心理、角色、需求满足度、操作性、工作条件、参与度等情况的基础上，保障移动互联网技术接受、挖掘、传递、反馈信息畅通，响应及时，从而提高子系统的作用，达到呈现和放大系统整体协同效应的目的。

第三，系统应用协同。系统克服了传统绩效评价系统中单一的"奖勤罚懒"功能，更注重绩效评价的真正目的，即帮助员工发现差距，帮助员工提高。因此，系统在注重系统本身协同性的基础上，增加了系统运行结果应用到绩效报酬模块，突出绩效评价在薪酬福利、职业规划、招聘、培训等方面的功能，能有效整合企业管理资源，提高资源使用效果，使绩效评价系统协同循环。

第 6 章　基于移动互联网的协同型绩效评价系统运行

　　本书选择锦纶行业中某特大型上市公司（简称 JL 公司）作为实证分析样本，在对 JL 公司所在地、行业、竞争格局及企业现状进行分析的基础上，首先根据以上构建的基于移动互联网的协同型绩效评价系统对企业员工进行绩效评价，然后应用本书构建的协同型绩效评价功能模块对绩效评价结果进行检查，最后有针对性地提出了基于移动互联网的协同型绩效评价系统的对策建议，以期真正实现协同型员工绩效评价系统，提升企业绩效评价效率①。

6.1　企业简介

　　JL 公司始创于 1984 年，是全国首家引进锦纶 6 生产设备的厂家，目前已形成以高分子聚合物为龙头、纤维新材料为主体的产业结构布局。1997 年，公司在深圳证券交易所挂牌上市，成为国内首家上市的锦纶 6 生产企业。

　　JL 公司属国内唯一一家涵盖聚合、纺丝、针织和印染业务的

---

　　①　Chao Xiao. Study on the complex mutual relation between team members，incentive structure，and market influence：A game model ［C］//2008 7th World Congress on Intelligent Control and Automation. 2008：6314－6318.

企业，机台齐备，产品丰富，是国内锦纶行业的领跑者。公司现有员工 3500 人，年产能力为锦纶 6 切片 20 万吨、长丝 7 万吨、高档针织布 0.48 万吨，年产值约 50 亿元。其中，切片生产规模位列中国第一、世界前三。公司生产的高性能锦纶切片占国内市场份额的 21%，各类锦纶长丝占国内市场份额的 9.9%。

JL 公司设有国家级企业技术中心、行业内第一个博士后科研工作站和省级工程技术研究开发中心，拥有大量资深专业技术人才，被列入国家高新技术企业和技术创新优势企业。

JL 公司拥有国内唯一一条切片中试试验生产线，以及产业用锦纶长丝试验线、功能锦纶纤维试验线、改性尼龙工程塑料试验线、高黏度尼龙工程塑料试验线等 5 套大型试验线设备，与东华大学、华南理工大学、总后军需装备研究所等科研院所开展广泛合作，在新产品的研发方面具备得天独厚的条件。公司名列中国化学纤维行业 10 强企业、全国 500 家重点企业和广东省 50 户工业龙头企业，获得了 AAA+国家质量信用企业称号。

JL 公司除广州总部之外，尚有 JL 四川分公司、JL 常德分公司和 JL 鹤山分公司三大生产基地及境外多个子公司。JL 公司实施了 ERP 管理系统，对生产业务流程和绩效评价控制流程进行了优化。主要内部控制：信息中心与计算机信息使用部门明确划分了职责权限；开发计算机信息系统及修改程序有严格的控制；计算机系统程序及资料的存取有严格的规定；基础数据的输入输出制定了相关的标准和流程；资料备份、资信档案管理、设备的安全控制有严格的规定；硬件及软件系统的购置、使用及维护制定了合理、高效的流程；系统数据复核和测试程序的操作、用户权限的设置有严格的作业规定。

JL 公司建立了内部信息沟通传递系统，主要包括会议、公告、内部信息平台、内线电话、内部网络资料共享、公司刊物、电子邮件、手机、对讲机等多种形式。针对各种内部信息沟通方式，制定了相应的制度,以保证信息的及时、准确、完整。同时,建立了信息披露管理制度,将信息披露的责任明确到人,确保董事会秘书能及时知悉公司各类信息并及时、准确、完整地对外披露。

JL公司组织架构如图6-1所示。

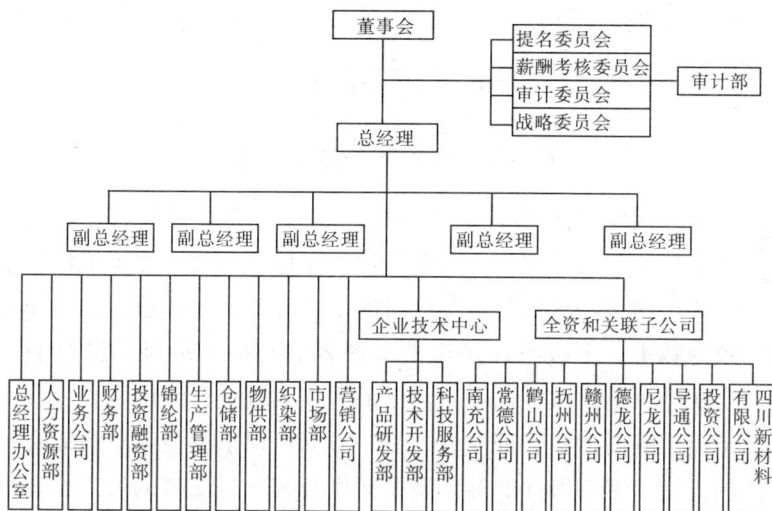

图6-1　JL公司组织架构

6.2　JL公司绩效评价现状

JL公司将员工归纳为五类:销售人员、生产类人员、非生产类人员、一般管理人员、中高层管理人员。JL公司绩效考核方法如图6-2所示。

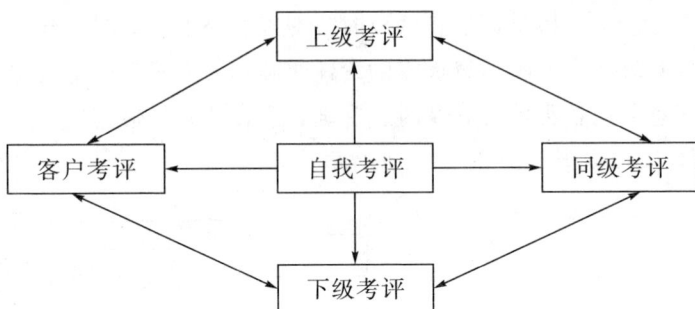

图 6-2　JL 公司绩效考核方法

图 6-2 中，上级考评的主体是被考评者的直接上级，也是绩效考评中最主要的考评者。同级考评的主体是与被考评者工作联系较为密切的同事，他们对被考评者的工作技能、工作态度、工作表现等较为熟悉。下级考评是指被考评者的直接下级对其进行的考评。自我考评是指被考评者对自己的工作表现进行评价，它一方面有助于员工提高自我管理能力；另一方面可以取得员工对绩效考核工作的支持。客户考评的客体是工作中与客户打交道的员工，客户满意度是衡量其工作绩效的主要指标。

6.2.1　销售人员绩效考核与管理

考核的对象：归属于营销公司管理的人员（含报关人员）。

考核方法及权重：上级（50％）、客户（30％）、同事（10％）、自评（10％）。

考核周期：月度考核。

执行的工资制度：销售人员实行联系产品销售数量、货款回收率、产品库存期限、产品库存量和销售毛利润等五项主要经济指标，考核计提销售人员薪酬及部分销售费用包干总额的考核办法（销售人员工资结构为底薪加提成）。报关人员的薪酬按计时制人员薪酬制度（基本工资占岗位工资的 70％，绩效工资占 30％）和公司绩效考核制度执行，其部分包干费用按定额标准控制使用。

月度挂钩考核的主要经济指标见表 6—1。

表 6—1　月度挂钩考核的主要经济指标

考核项目	考核指标			备注
产品销售数量	长丝		5800 吨/月	销售数量为计划参考数
	切片		9200 吨/月	
货款回收率	100％			
产品库存期限（含 POY、CA 产品）	长丝		≤9 个月	
	切片		≤4 个月	
产品库存量	长丝	正常产品	当月平均日产量×20 天	逐月考核
		CA 产品	≤150 吨	
	切片	正常产品	当月平均日产量×10 天	
		CA 产品	≤100 吨	
销售毛利润	当月切片、纤维产品毛利总额 >1122.5 万元			逐月累计考核
坏账损失	无坏账损失			

有关考核指标的说明：

（1）考核项目中"产品销售数量""货款回收率"均含 JL 公司、JL 四川分公司、JL 常德分公司和 JL 鹤山分公司产品的对外销售，不含内部各子公司之间的产品销售。

（2）"货款回收率"是指当月实际回收达账货款总额与销售发出产品开票总额的比率。

当月货款回收率计算公式为：

$$货款回收率 = \frac{当月实际回收达账货款总额}{当月销售发出产品开票总额} \times 100\%$$

其中，"当月实际回收达账货款总额"是指上月统计截数日起至本月统计截数日止财务部收到营销公司客户支付的现金、汇款、即期支票正本、已发货部分的信用证等款项总和。财务部须于次月5日前完成本月所有货款票证的审核工作，如发现错误，及时通知营销公司处理，并在"当月实际回收达账货款总额"中相应修正。

（3）"产品库存期限"是指长丝、切片库存产品自生产入库日起至考核当月公司截数日止已在仓库储存的时间，分别按JL公司（JL四川分公司、JL常德分公司和JL鹤山分公司）当月库存产品进行考核。

（4）"产品库存量"分别按JL公司（JL四川分公司、JL常德分公司和JL鹤山分公司）的正常产品（含POY产品）入库库存量和CA产品入库库存量进行考核。

（5）"CA产品"是指处理产品仓内的产品，其内容包括经质检部生产复检、超期复检和退换货复检判定降等为等外品的切片、长丝产品，培训机台生产的等外品产品，已断批号不再生产且数量少于500公斤的库存产品，为提供试样、送样生产的零星库存产品。

（6）"销售毛利润"是指当月统计截止日公司实现的切片、纤维产品销售的毛利润总额。

注：①销售毛利润按财务核算口径进行统计计算：

销售毛利润＝销售收入－原、辅料成本－加工费－销售费用－
　　　　　地方税－折旧

②汇兑损益计入销售毛利润。

（7）"坏账损失"是指因工作失误造成不能回收货款的损失金额。

（8）薪酬与部分销售费用包干总额考核的计算标准见表6－2～表6－6。

表 6-2　按产品销售数量考核的计算标准

产品类别	考核计提标准	备注
长丝	≤4500 吨部分：83 元/吨	按月度实绩考核计提
	>4500 吨，≤5000 吨部分：130 元/吨	
	>5000 吨部分：160 元/吨	
切片	≤8000 吨部分：38 元/吨	
	>8000 吨部分：47 元/吨	

表 6-3　按货款回收率及坏账损失考核的计算标准

项目	当月实际的货款回收情况	考核奖罚标准	备注
货款回收率	货款回收率≥100%	奖励金额＝（当月实际回收达账货款总额－当月销售发出产品开票总额）×3‰	按月度实绩考核计提
	货款回收率<100%	扣罚金额＝（当月销售发出产品开票总额－当月实际回收达账货款总额）×3‰	
因工作失误造成的坏账损失	坏账损失金额	扣罚金额＝坏账损失金额×10%	

表 6-4　按产品库存期限考核的计算标准

当月相应产品实际库存时间与库存期限指标对比情况	考核扣罚标准
当月相应产品的实际库存期≤当月相应产品的允许库存期限	不予扣罚

当月相应产品实际库存时间与库存期限指标对比情况	考核扣罚标准
当月相应产品的实际库存期＞当月相应产品的允许库存期限	长丝库存期限考核扣罚金额＝$\sum$当月相应长丝库存期超出 9 个月的产品实际库存量×30 元/吨 切片库存期限考核扣罚金额＝$\sum$当月相应切片库存期超出 4 个月的产品实际库存量×10 元/吨

表 6-5 按产品库存量考核的计算标准

当月相应产品（含 CA 产品）实际库存量与库存量限额指标对比情况	考核奖罚标准
(1) 长丝： ①当月相应产品平均日产量×10 天＜当月相应产品实际库存量＜当月相应产品平均日产量×20 天 ②当月产品实际库存量＜当月实际平均日产量×10 天	①考核奖励金额＝$\sum$（当月相应产品平均日产量×20－当月相应产品实际库存量）×16 元/吨 ②考核奖励金额＝$\sum$（当月相应产品平均日产量×10－当月相应产品实际库存量）×32 元/吨
(2) 切片：当月相应产品实际库存量＜当月相应产品库存量限额指标	考核奖励金额＝（当月相应产品库存量限额指标－当月相应产品实际库存量）×13 元/吨

当月相应产品（含CA产品）实际库存量与库存量限额指标对比情况	考核奖罚标准
（3）CA产品： ①当月相应产品实际库存量<当月相应产品库存量限额指标 ②当月相应产品实际库存量>当月相应产品库存量限额指标	①长丝：考核奖励金额＝（当月相应产品库存量限额指标－当月相应产品实际库存量）×16元/吨 切片：考核奖励金额＝（当月相应产品库存量限额指标－当月相应产品实际库存量）×13元/吨 ②长丝：考核扣罚金额＝$\sum$（当月相应产品实际库存量－当月相应产品库存量限额指标）×16元/吨 切片：考核扣罚金额＝$\sum$（当月相应产品实际库存量－当月相应产品库存量限额指标）×13元/吨

表6-6 按销售毛利润考核的计算标准

当月实现销售毛利润情况			考核奖罚标准	备注
当月销售毛利润>0	上月累计毛利润>0		奖励金额＝当月毛利润×0.73％	按月度实绩结合上月和当月累计毛利润情况逐月考核计发
	上月累计毛利润<0	当月累计毛利润>0	奖励金额＝当月累计毛利润×0.73％	
		当月累计毛利润<0	不予奖励	
当月销售毛利润<0	上月累计毛利润>0	当月累计毛利润>0	扣罚金额＝当月毛利亏损额×0.73％	
		当月累计毛利润<0	扣罚金额＝上月累计毛利润×0.73％	
	上月累计毛利润<0		不予扣罚	

（9）薪酬与部分销售费用包干总额的计算办法。

当月计提薪酬与部分销售费用包干总额＝当月按产品销售数量

考核应计提的薪酬与部分销售费用包干总额＋当月按货款回收率及坏账损失考核应计提的奖罚额＋当月按产品库存期限考核应计提的扣罚额＋当月按产品库存量考核应计提的奖罚额＋当月按销售毛利润考核应计损的奖罚额

其中：

当月按产品销售数量考核应计提的薪酬与部分销售费用包干总额＝$\sum$（当月相应类别产品相应分段的实际销售数量×相应类别产品相应分段的考核计提标准）

销售人员薪酬与部分销售费用包干总额的开支范围：归属营销公司管理的员工工资、奖金、经理基金、业务接待费（不含经公司审批预算内的展览费用，春节慰问费用，公司组织的客户订货会、座谈会、新产品推介会议费用）、个人通信费、公务交通津贴、差旅费及津贴和驻外销售办事处开办及维持费用等。公司财务部负责根据人力资源部的考核结果，按薪酬及部分销售费用所分列的项目进行建账管理，并对各项费用开支情况按规定进行监控，根据"按计提总额包干使用，超支不补，余额由营销公司支配使用"原则进行管理。

6.2.2 生产类人员绩效考核与管理

考核的对象：归属于公司管理的所有在册人员（不含清洁工、园艺工、打包工和投料工），按生产、非生产两大类人员分开考核。生产类人员（含车间主任）分别按其所属工序当月生产的产品产量、质量，并联系所属车间的主要原材料综合单耗、产品综合单位加工费。指标完成情况分别挂钩考核计提相应人员当月工资总额的集体计件工资制。

考核方法及权重：上级（70％）、同事（20％）、自评（10％）。

考核周期：月度考核。

生产类人员的月度考核指标见表6-7。

表 6-7　生产类人员的月度考核指标

考核项目	标准产量（吨）	主要原材料单耗（吨/吨）	优等品率（%）	一等品率（%）	时段	单位加工费（元/吨）
POY	530	1.000	—	97%	11 月~次年 4 月	914
					5 月~10 月	1031
DTY	530	0.989	65%	88%	11 月~次年 4 月	1458
					5 月~10 月	1524
TTY	123	1.006	82%	93%	11 月~次年 4 月	1638
					5 月~10 月	1751

（1）单位加工费：考核项目包括辅料、水电气、包装物、筒管、备品件。当月生产某规格品种的加工费是指上述各项目实际发生消耗的费用之和。

当月相应产品相应加工费项目发生的费用额＝相应产品相应项目的标准成本单价×当月相应纺丝车间相应项目实际发生耗用量

（2）纺丝车间月度工资总额的计算公式：

当月车间应提工资总额＝当月按产品产量、质量考核的工资计提额＋当月产品主要原材料综合单耗考核奖罚额＋当月产品综合单位加工费考核奖罚额

其中：

①当月按产品产量、质量考核的工资计提额计算公式：

当月按产品产量、质量考核的工资计提额＝$\sum$（当月各品种规格产品相应等级的产量×各品种规格产品相应等级的单位工资计提标准）

相应品种相应等级产品的单位工资计提标准见表 6-8。

表 6-8　相应品种相应等级产品的单位工资计提标准　　元/吨

产品类别	优等品	一等品	合格品	等外品
POY	—	231.73	92.69	23.17
DTY	385.53	366.26	154.21	38.55
TTY	552.52	331.51	165.76	27.63

注：POY、DTY、TTY 所有规格产品的产量均折算为标准产量［POY 折算为 91dtex；DTY、TTY（合股丝按其并股前的纤度）折算为 78dtex］。POY 按一等品、合格品、等外品分别定价，DTY、TTY 按优等品、一等品、合格品、等外品分别定价，小卷丝和废丝不计价。

②当月产品主要原材料综合单耗考核奖罚额计算公式：

当月纺丝车间产品主要原材料综合单耗考核奖励额 = $\sum$［（纺丝车间相应类别产品主要原材料单位消耗标准 × 当月该类别产品入库产量 － 当月该类别产品主要原材料实际消耗总量）× 该类别产品主要原材料成本价］× 7%

当月纺丝车间产品主要原材料综合单耗考核扣罚额 = $\sum$［（纺丝车间相应类别产品主要原材料单位消耗标准 × 当月该类别产品入库产量 － 当月该类别产品主要原材料实际消耗总量）× 该类别产品主要原材料成本价与废料价差］× 7%

各类别产品主要原材料成本价、废料价的标准见表 6-9。

表 6-9　各类别产品主要原材料成本价、废料价的标准　　元/吨

产品类别	主要原材料成本价	废料价
POY	20000	6000
DTY	23000	6000
TTY	25000	6000

③当月产品综合单位加工费考核奖罚额计算公式：

当月车间产品综合单位加工费考核奖罚额 = $\left[\sum\right.$（车间相应类别各品种规格产品单位加工费标准 × 当月相应类别相应品种规格产品入库产量）－ 当月按标准成本价格计算的相应类别产品加工费总额 $\left.\right] \times 7\%$

车间内部各分类人员具体应挂钩的绩效考核指标及考核分配办法由车间主任根据公司相应薪酬制度和绩效考核制度组织分解制订，报南充公司总经理审核、总公司人力资源部备案后落实执行。车间内部操作工，车间技术、管理与维修人员，车间主任三类人员对月度主要原材料综合单耗和产品综合单位加工费考核奖罚额原则上以 1：2：4 的人均奖罚分配系数为基准进行考核分配。

6.2.3 非生产类人员绩效考核与管理

非生产类人员按各岗位人员的绩效工资联系当月纺丝车间员工的月度工资综合系数、个人月度绩效考核结果挂钩考核相应人员绩效工资的计时工资制度。

考核方法及权重：上级（70%）、同事（20%）、自评（10%）。

考核周期：月度考核。

（1）考核的对象：公司除生产类人员之外的其他参与考核人员。

（2）月度绩效工资额。

生产部、质检部、经营部的销售人员，动力值班维修工的绩效工资标准为本人月度标准岗位工资的 80%；其余的 20% 为岗位基本工资，按月免考核发放。

其余的非生产类人员，包括中高层管理人员（不含前纺、后纺部主任，质检部主任和生产部经理）的绩效工资标准为本人月度标准岗位工资的 70%；其余的 30% 为岗位基本工资，按月免考核发放。

（3）月度绩效工资的计算公式。

①质检部绩效工资的计算。

质检编制内共有 64 人，其中副主任 1 人，技术、管理人员 2 人，检验、包装及辅助工 61 人。

质检部绩效工资总额＝质检部月度标准绩效工资总额×当月纺丝车间员工的月度工资综合发放系数－客户对工作质量投诉的扣罚额

质检部各类人员个人月度绩效工资由部主任制定内部考核分配方案，报南充分公司总经理审核、总公司人力资源部备案后落实执行。

②其他非生产类人员绩效工资的计算。

当月非生产类人员应提绩效工资额＝非生产类人员本人的月度标准绩效工资额×当月生产部员工的月度工资综合发放系数×个人月度考核系数

其中：

非生产类（不含质检部）人员应提绩效工资额按当月在岗人员计算，当月不在岗的非生产类人员不纳入计发。如当月非生产类人员发生岗位工资标准的调整，相应的月度绩效工资额按公司的审批结果作相应调整。

纺丝车间月度工资综合发放系数＝（当月纺丝车间按产品产量、质量考核的工资应提总额之和＋当月车间产品主要原材料综合消耗考核奖罚额＋当月车间当月产品综合单位加工费考核奖罚额）/纺丝车间参与考核人员的月度标准岗位工资总额

个人月度考核系数参见有关规定执行。

（4）月度绩效工资的分配及不良事故考核。

①月度绩效工资分配。

非生产类人员个人具体应挂钩考核的绩效指标及考核分配实施办法由南充分公司总经理根据南充分公司相应薪酬制度和绩效考核

制度组织分解制订，报总公司人力资源部备案并落实执行。

②不良事故考核。

如当月公司、部门（车间）或本人有不良事故，根据被评定的不良事故等级确定责任人当月绩效考核的最终评价结果（评价标准按南充公司绩效管理与绩效考核制度有关规定执行）。不良事故的处罚标准见表6−10。

表 6−10　不良事故的处罚标准

不良事故等级	A（重大）	B（一般）	C（轻微）
扣罚标准	不享受月度绩效工资	扣除50%月度绩效工资/次	扣除20%月度绩效工资/次

（5）有关其他的说明及规定。

①清洁工、园艺工由所属部门（车间）负责制订考核标准按月单列考核计发工资。搬运工、打包工、投料工由南充公司以计件方式按月考核计发。

②南充分公司应按"以丰补歉"的原则做好员工月度工资发放的控制工作，工资发放结余数额由公司挂账累计。如因市场原因导致计划限产，当月生产车间的考核计提总额低于其当月在岗人员月度标准岗位工资总额的95%时，由公司制订当月的发放系数，对其考核计提不足部分先从本考核年度累计工资结余额中支付，仍有不足部分再向公司申请预借，经总公司主管副总审批后下达发放。

③因公司指令性限产造成相应生产工序当月生产计划任务不足时，对受此影响的操作工可组织进行技术培训、检修保养设备或安排放假。由车间提出相应计划，报南充公司总经理审批、总公司人力资源部备案后下达执行；参加培训、设备检修或杂工期间，相关人员按其日岗位工资标准（月度岗位标准工资/当月应出勤天数）单列计发其工资额，员工当月应发工资总额低于本地区的最低工资标准时，则按最低标准发放。受此影响的车间技术、管理、维修骨

干人员当月应计提工资额低于其标准岗位工资额的95％时，按95％计发。

④如当月生产新的品种规格产品，由南充分公司提出，经人力资源部组织测算制定考核标准报批后下达执行。

⑤因指令性原因必须使用有质量问题或未达到规定质量标准的原材料、半成品进行产品生产时，对该批次产品的质量免考核，即按相应品种规格产品标准等级品率计算，对该批产品的主要原材料消耗可根据实际情况按不奖不罚办法处理。

⑥因产品质量问题造成客户投诉、索赔需对产品做降等处理的，经核实属南充分公司责任，则按其质量降等的产品数量扣减责任车间当月相应等级产品的产量工资。

⑦JL四川分公司、JL常德分公司和JL鹤山分公司每月定期将其考核结果报总公司人力资源部备案，由总公司人力资源部不定期组织对南充分公司的考核、分配情况进行稽核，如稽核发现有违规情况，一经核实，则对相关责任人员按不良事故处理。

⑧若JL四川分公司、JL常德分公司和JL鹤山分公司因生产能力或本办法在实际执行中发生重大偏差，由总公司人力资源部与南充分公司另行据实协商，及时对本考核办法进行修订并报总公司审批后执行。

6.2.4　一般管理人员绩效考核与管理

考核的对象：归属于公司管理的所有在册人员，包括计量员、材料会计、主办会计、出纳、成本会计、统计员、文员、行政管理员、人力资源管理员、图纸资料员、外协员、采购员、工艺员、设计员、市场调研员、外修员、网络管理员、内勤。

考核方法及权重：上级（70％）、同事（20％）、自评（10％）。

考核周期：月度考核。

一般管理人员指标评分见表6-11。

表6-11　一般管理人员指标评分

岗位：_____　被考核人：_____　考核时间：____年___月至___月

评分标准：90～100优秀；80～89良；70～79中；60～69合格；0～60差

定性指标	指标内容	满分	评分值	小计
责任心 （10%）	上级不必对其本职工作一一指示、监督，也能迅速地完成工作	30		
	在工作时，不扯皮，不推脱，不敷衍了事	30		
	工作失误时，不逃避责任，不敷衍上司	20		
	对安排的工作不讲条件，勇挑重任，尽量多做事	20		
忠诚敬业 （10%）	在对外的业务交往中，永远把公司的利益放在第一位	30		
	在公司里，能够尽心尽职地做好自己的本职工作	30		
	警惕泄露公司秘密，从不携带技术秘密（非工作需要）离开公司	40		
组织纪律 （10%）	能严格遵守公司的规章制度和工作流程、标准，按时汇报工作	40		
	在工作时，不做私事，无迟到、早退、旷工和电话闲聊等现象	30		
	不以虚假的理由请假，唆使他人破坏公司规章制度	30		
服从与执行 （10%）	能坚决服从对上级指示，不打折扣，尊重上级，主动做好工作	50		
	能及时、准确地执行上级下达的计划和布置的工作，并及时复命	50		
服务态度 （20%）	言行举止得体、热情、周到地为相关部门或客户提供服务	50		
	主动协助上级、同事做好工作	50		

定性指标	指标内容	满分	评分值	小计
团队协作（20%）	善于与他人合作共事，相互支持，充分发挥各自的优势，保持良好的团队工作氛围	50		
	能够与别人很好地沟通，建立相互信任与良好的协作关系，协调处理工作中的问题	50		
专业知识与技能（20%）	具有胜任本职工作的专业知识和工作技能	30		
	具有胜任本职工作的经验	20		
	熟悉本岗位工作流程	30		
	熟悉岗位有关国家政策法规和公司的工作要求	20		

6.2.5 中高层管理人员绩效考核与管理

考核的对象：集团公司副总经理，分公司总经理，分公司副总经理，技术副总经理，生产副总经理，物流副总经理，财务总监，地区经理，总裁办、外贸部、人力资源部、后勤部、研发部、财务部、质管部经理，信息部经理，外购部、仓务部等部门正副经理，设计中心、装配车间、调试车间等部门正副主任。

考核方法及权重：上级（60%）、同事（30%）、自评（10%）。

考核周期：半年度考核。

中、高层管理人员绩效考核指标评分见表6-12。

表 6-12　中高层管理人员绩效考核指标评分

岗位：_____　被考核人：_____　考核时间：___年___月至___月

评分标准：90~100 优秀；80~89 良；70~79 中；60~69 合格；0~60 差

定性指标	指标内容	满分	评分值	小计
部门业绩	部门业绩超额或者刚好完成任务	100		
	部门完成既定业绩任务的 98%	90		
	部门完成既定业绩任务的 95%	80		
	部门完成既定业绩任务的 90%	70		
	部门完成既定业绩任务的 85%	0		
组织计划能力	能结合公司的工作计划和发展目标，制订明确的工作目标，制订切实可行的工作计划、预算、行动方案、日程安排表等	50		
	合理安排自己和下属的工作，人员没有闲置，工作能有序地开展	50		
培养下属能力	能够仔细、耐心地聆听下属的意见，并能及时发现有潜质的下属	20		
	能悉心指导下属工作，帮助其提高工作能力，而且下属进步较快	30		
	能够调动其不断提高工作能力的积极性	30		
	能给其各种学习锻炼的机会，提供各种培训和技能开发的机会	20		
沟通协调能力	具有出色的谈话技巧和书面表达能力，容易说服别人接受其看法	20		
	能很好地倾听别人的倾诉，并能关心体谅他人，感知别人的想法	20		
	能正确领会上级指示，及时了解下情，并能相互沟通解决矛盾	30		
	能够与各部门很好地沟通，建立相互信任与良好的协作关系	30		

定性指标	指标内容	满分	评分值	小计
发现问题、解决问题能力	善于发现企业运行中不易被发现、容易被忽略或深层次隐性问题，辨明问题的内在关系，并能防微杜渐，及时有效地解决问题	40		
	对于突发业务事件能快速拿出解决方案，并从容安排	30		
	能迅速理解并把握复杂的事物，发现关键问题，找到解决办法	30		

6.2.6　奖励与处罚

（1）股权激励对象确定的法律依据。

激励对象以《中华人民共和国公司法》《中华人民共和国证券法》《上市公司股权激励管理办法（试行）》等有关法律、法规和规范性文件以及JL公司《公司章程》的相关规定为依据而确定。

①激励对象确定的职务依据。

激励对象为公司高级管理人员、核心技术人员。上述人员需在公司全职工作并在公司领取薪酬。激励对象获得期权时，必须已在公司任职满两年。激励对象确定的考核依据就本激励计划涉及的激励对象的考核事宜，公司董事会特制定《JL公司股份有限公司股票期权激励计划实施考核办法》，激励对象经考核合格。

②激励对象的范围。

公司激励对象具体见表6－13。

表 6-13　公司激励对象一览表

姓名	职务	身份证号码	住所	国籍	持有公司股份情况
	董事长			中国	
	总经理			中国	
	副总经理			中国	
	董事会秘书			中国	
	核心技术人员			中国	
	核心技术人员			中国	
	核心技术人员			中国	
	总监			中国	
	部分部门负责人			中国	
	分公司总经理			中国	

以上高级管理人员经 JL 公司第三届董事会第一次会议当选，任期均为 2011 年 4 月至 2014 年 4 月。以上核心技术人员为 JL 公司薪酬与考核委员会根据公司情况确认的在公司任职并掌握公司重大核心技术的人员。以上核心技术人员均已与公司签署劳动合同，劳动合同期限不少于三年。

③为使公司获得更好的发展，其获授的股票期权行权后取得的公司股票或实现的收益，不少于 51% 的部分将用于公司的奖励计划，奖励对象为 2011 年、2012 年、2013 年三年中为公司发展做出贡献，但未列入本激励计划的中层管理、技术骨干和技术人员，在此期间新进公司任职并工作表现突出的人员，以及得到职务晋升的其他高级管理人员和技术人员。公司奖励计划的具体实施办法将由董事长与公司董事会根据公司经营管理的具体情况确定。

激励对象根据股票期权激励计划获授的股票期权自股票期权授权日三年后可以开始行权，可行权日为 JL 公司定期报告公布后第 2 个交易日至下一次定期报告公布前 10 个交易日内，但下列期间不得行权：重大交易或重大事项决定过程中至该事项公告后 2 个交易日内；其他可能影响股价的重大事件发生之日起至公告后 2 个交易日内。

上述"重大交易""重大事项"以及"可能影响股价的重大事件"，为公司根据《深圳证券交易所股票上市规则》的规定应当披露的交易或其他重大事项。

④激励对象未发生如下任一情形：最近三年内被证券交易所公开谴责或宣布为不适当人选的；最近三年内因重大违法违规行为被中国证监会予以行政处罚的；具有《中华人民共和国公司法》规定的不得担任公司高级管理人员情形的；绩效考核 3 年综合评分低于 85 分或者三年中任何一年绩效考核分低于 70 分的。

（2）绩效工资与月度考核结果挂钩，体现员工在当前岗位和现有技能水平上通过自身努力为公司实现的价值。绩效工资按月度计算发放。

（3）年底奖金是公司根据当年效益情况在年底对员工的集中奖励，奖励依据是个人年底考核系数与公司效益情况。上报方案中奖金总额由个人奖金累计到部门，然后从部门累计到全公司。

管理职系中的高层管理人员年底奖金的计算方法（实行年薪制除外）：

年底奖金＝12×效益工资×年度考核系数×管理系数

管理职系中的中层管理人员和一般人员年底奖励的计算方法：

年底奖金＝4×效益工资×年度考核系数（或管理系数）×部门
考核系数

其中，中层管理人员年底奖金按照管理系数计算；一般人员年底奖金按照年度考核系数计算，见表6-14。

表 6-14　年度考核系数

考核结果	优	良	中	基本合格	不合格
年度考核系数	1.3	1.1	1	0.8	0.4

　　管理系数的目的是在年底奖金分配中充分体现管理者的责任风险。各类人员管理系数的数值见表 6-15。其中，中层管理人员的管理系数依据年度考核系数的不同而分为 5 档，见表 6-16。

表 6-15　管理系数

类别	管理系数
高层管理人员	2
技术、财会、行政事务、工勤职系一般人员	1

表 6-16　中层管理人员管理系数

类别	管理系数				
	优	良	中	基本合格	不合格
中层管理人员	1.5	1.2	1	0.8	0.4

　　部门考核系数见表 6-17。

表 6-17　部门考核系数

考核结果	优	良	中	基本合格	不合格
部门考核系数	1.3	1.1	1	0.8	0.4

　　年底奖金的实际发生额由公司整体效益确定，由公司年底奖金总额分解到部门，然后由部门分解到个人。

　　管理职系中的高层管理人员年底奖金的计算方法：

　　年底奖金＝12×效益工资×年度考核系数×管理系数×调整系数

　　管理职系中的中层及以下管理人员年底奖金的计算方法：

　　年底奖金＝4×效益工资×年度考核系数（或管理系数）×部门

$$考核系数 \times 调整系数$$

其中，中层管理人员年底奖金按照管理系数计算，一般人员年底奖金按照年度考核系数计算。

调整系数的大小取决于公司效益情况，其数值根据年底公司奖金总额与公司上报董事会的奖金方案的比例确定。

$$调整系数 = \frac{公司年底奖金实际发生总额}{年底奖金上报方案总额}$$

（4）特殊奖励。

①公司年终实行年终奖制度，公司根据年度经营情况与员工的年度考核结果，在公司整体经营效益的基础上对员工进行奖励。年底奖金下年初支付。

②公司有权对有突出贡献的员工进行特殊奖励，包括股权激励、培训、晋升、特殊假期、特殊奖金等。

（5）根据年度内绩效考核结果，按《JL 公司员工绩效考核办法》对公司所有员工进行绩效考核，考核结果与公司风险奖罚条例挂钩。

（6）年度先进生产（工作）者由工会组织评选，由本人撰写书面材料提出申请，各部门推荐候选人，人力资源部审核，工会审批报送，然后由公司班子、部门负责人及群众代表组成的评定委员会评比确定人选。

（7）对考核业绩突出的员工进行重点培养。根据连续三年考核为先进工作者次数的不同进行重点培养，依据其综合素质、业务特长、个人兴趣进行职业规划，如公司全资其进行学历深造、企业考察、带薪假期、子女学费资助、提供公司带薪实习、重点中小学学习等方面的支持。

（8）对考核业绩差的员工进行对应的培训、转岗及责任追究制，依据业绩的差别和过错程度及后果，不仅是月度绩效工资对应的处罚，还会给予相应的经济处罚、行政处分，甚至开除。

（9）根据考核结果的工资调整。连续两年内考核结果累计获得"优"1个、"良"1个及以上者，或者连续三年考核结果为"良"者，工资效益在本职系内晋升一级。当年考核结果为"不合格"或连续两年考核结果为"基本合格"的员工，工资效益下调一级。对于连续两年考核结果为"不合格"的员工，或连续三年考核结果为"基本合格"的员工，进行待岗（或辞退）处理。

6.3　基于移动互联网的协同型绩效评价系统在 JL 公司的运行

对于企业而言，一个完美的绩效评价系统是保证完美地得出绩效评价结果，而绩效评价结果是基于企业管理的重要前提，但实施效果才是检验评价系统是否适合企业的关键。科学透明合理的绩效评价系统，需要注重全局观，从整体出发，进行统筹和规划[①]。战略制定、技术使用、绩效分解、计划下达、绩效反馈到全系统协作都需要做出优化。本书对 JL 公司的员工进行了协同型绩效评价系统运行。

6.3.1　JL 公司绩效评价管理委员会的组成及职责

JL 公司绩效评价管理委员会由公司总经理、副总经理、市场总监、财务总监、人力资源总监、财务部经理、人力资源部经理、销售经理、信息经理、员工代表及外聘专家组成。JL 公司绩效评价管理委员会职责包括以下内容：

---

① Strect M D, Douglas S C, Geiger S W, et al. The impact of cognitive expenditure on the ethical decision-making process: The cognitive elaboration model [J]. Organizational Behavior and Human Decision Processes，2001（86）：256—277.

（1）负责制定高层管理人员的考核细则。

（2）负责中层管理人员的业绩评价。

（3）审阅公司中层以下人员的年度考核结果。

（4）负责对公司中层以下人员考核的评价者进行动态调整。

（5）负责对绩效评价指标系统的最终调整与确定。

（6）负责对绩效评价方法的最终调整与确定。

（7）负责对绩效评价过程的管理与监督。

（8）负责对绩效评价系统的论证与调整。

（9）负责对员工考核申诉的最终裁决。

（10）负责对各部门合理化建议工作的领导和决策。

（11）负责定期对合理化建议提案的收集、登记、整理、审核、上报、归档等日常工作以及合理化建议实施情况的检查、监督和信息反馈工作。

6.3.2 基于移动互联网的协同型绩效评价系统在 JL 公司运行效果评估

下面以 JL 公司为被访企业，调查企业使用协同型绩效评价系统之后对于协同型效率提升是否有实质性效果。调查检验该系统施行后是否有助于企业文化、评价主体、指标评价体系、评估与反馈、系统性能、系统服务的完善和提高。

6.3.2.1 数据来源

本部分调查的数据主要来源于 JL 公司的锦纶部、织染部、纺丝车间、生产部、质检部、研发中心、营销部及总经理办公室、人力资源部等职能部门的问卷调查，问卷设计为调查简表，收集整理后的数据构成了本部分的数据基础。我们按工种分成生产、技术与研发、管理与销售三类进行分类问卷调查，问卷共发放 500 份，回收 500 份，有效问卷 496 份。其中工种的结构和比例见表 6—18。

表 6—18 工种的结构及比例

工种层次	人数	比例
生产	298	60.08%
技术与研发	138	27.82%
管理与销售	60	12.10%
总计	496	100%

本部分采用 SPSS 统计软件进行实证分析，采用信度检验及假设检验等统计方法进行分析研究。

6.3.2.2 信度检验

信度是指测验或量表工具所测得结果的稳定性及一致性，量表的信度越大，则其测量标准误越小，测量结果越稳定。本研究采用 Cronbach's Alpha 系数进行信度检验，衡量各研究构面的内部一致性是否良好。

对回收的问卷进行信度检验，9 个潜变量信度检验结果见表 6—19。各个潜变量的 Cronbach's Alpha 系数都在 0.7 以上，总量表的 Cronbach's Alpha 系数为 0.81。信度检验的可靠性统计量表说明，调查问卷的可靠性较高。

表 6—19 可靠性统计量表

外生潜变量	可测变量个数	Cronbach's Alpha	内生潜变量	可测变量个数	Cronbach's Alpha
企业文化	3	0.75	绩效信息流通协同	5	0.82
评价主体	3	0.79	绩效信息响应协同	5	0.81
指标评价体系	4	0.84	绩效评价体系协同	5	0.86
评估与反馈	3	0.77			

外生潜变量	可测变量个数	Cronbach's Alpha	内生潜变量	可测变量个数	Cronbach's Alpha
系统性能	4	0.73			
系统服务	3	0.82	总体	35	0.81

6.3.2.3 假设检验

（1）假设检验及其基本原理。

先对总体分布的某些参数或总体分布函数的形式作某种假设，然后利用样本的有关信息对所作假设的正确性进行推断，这类统计推断问题叫做假设检验。假设检验的一般步骤如下：

①根据具体问题，提出假设 H_0、H_1（对双边检验问题，H_1可省略）。

②选取适当的显著水平 α。

③在 H_0 成立的条件下，选取适当的检验统计量。

④根据样本值计算出检验统计量的值。

⑤对给定的 α 和样本容量 n，查表确定临界值。

⑥推断。若统计量的值落入拒绝域，则在 α 拒绝 H_0，否则接受 H_0。

（2）单样本的参数假设检验法——μ 检验与 t 检验。

对单个总体而言，在总体方差 σ^2 已知的条件下，利用服从正态分布的统计量对总体均值进行检验的方法，称为一样本 μ 检验；在总体方差 σ^2 未知的条件下，利用服从 t 分布的统计量对总体均值进行检验的方法，称为一样本 t 检验。一样本 μ 检验与 t 检验也称为单个正态总体均值的检验，见表6—20。

表 6－20　一样本 μ 检验与 t 检验

前提条件	检验	H_0	H_1	在 H_0 下所用统计量	在 α 下 H_0 的拒绝域
$X \sim N(\mu, \sigma^2)$ σ^2 已知	双边 右边 左边	$\mu=\mu_0$ $\mu \leqslant \mu_0$ $\mu \geqslant \mu_0$	$\mu \neq \mu_0$ $\mu > \mu_0$ $\mu < \mu_0$	$u=\dfrac{\overline{X}-\mu_0}{\sigma/\sqrt{n}}$ $\sim N(0,1)$	$\lvert u \rvert > Z_{a/2}$ $u > Z_a$ $u < -Z_a$
$X \sim N(\mu, \sigma^2)$ σ^2 未知	双边 右边 左边	$\mu=\mu_0$ $\mu \leqslant \mu_0$ $\mu \geqslant \mu_0$	$\mu \neq \mu_0$ $\mu > \mu_0$ $\mu < \mu_0$	$t=\dfrac{\overline{X}-\mu_0}{S/\sqrt{n}}$ $\sim t(n-1)$	$\lvert t \rvert > t_{a/2}(n-1)$ $t > t_a(n-1)$ $t < -t_a(n-1)$
X 的分布未知，大样本	双边 右边 左边	$\mu=\mu_0$ $\mu \leqslant \mu_0$ $\mu \geqslant \mu_0$	$\mu \neq \mu_0$ $\mu > \mu_0$ $\mu < \mu_0$	$u'=\dfrac{\overline{X}-\mu_0}{S/\sqrt{n}}$ $\sim N(0,1)$	$\lvert u' \rvert > Z_{a/2}$ $u > Z_a$ $u < -Z_a$

　　利用 SPSS 软件进行系统的假设检验，按李克特量表分成 7 级，因此，本书将中位数 3.5 判断值以判断协同型绩效评价系统是否提升了协同效应及各指标的性能，满意度调查均值显著大于 3.5，则为有显著提升协同效应及各指标的性能。采用 t 检验进行单边检验：原假设 H_0：$\mu \leqslant 3.5$，H_1：$\mu > 3.5$。本书取显著性水平为 5%，输入数据，然后利用 SPSS 16.0 中分析菜单中的单样本 t 检验即可得到表 6－21 和表 6－22 的结果。由于 SPSS 中 t 检验是双边的，因此需要在 SPSS 软件中将均值的置信区间的置信度设置为 $1-2\alpha=1-2 \times 0.05=90\%$。若 $t > t_a(n-1)$，则显著拒绝 H_0，调查结果的满意度显著大于均值，说明了协同型绩效评价系统有提升作用；反之，则没有效果，甚至是负效果。

表 6-21　问卷各指标的 t 检验

一级指标	二级指标	均值	方差	t 值
企业文化	团队合作精神	3.706	1.803	46.428
	员工职业操守	3.761	1.115	76.170
	员工网络知识技能	3.845	1.332	65.203
评价主体	对员工工作状态了解	3.808	1.771	48.545
	对员工工作内容熟悉	3.841	1.075	80.699
	公正客观	4.027	1.979	45.957
指标评价体系	指标设置合理	4.276	1.954	49.417
	权重设置合理	4.037	1.838	49.594
	评价方法设置合理	4.071	1.391	66.067
	评价方法运用合理	4.355	1.969	49.956
评估与反馈	反馈渠道畅通	4.751	1.256	85.402
	反馈及时有效	4.394	1.591	62.387
	评估客观	5.739	1.116	116.103
系统性能	信息网络平台技术良好	4.155	1.551	60.489
	系统挖掘信息技术良好	4.416	1.528	65.277
	系统流程设计合理	5.141	1.583	73.335
	系统操作界面简单	3.947	1.283	69.488
系统服务	企业支持度高	4.147	1.627	57.550
	员工绩效产出报酬	3.833	1.578	54.873
	员工相应技能培训	5.749	1.225	105.981
绩效信息流通协同	岗位职能及分级	4.016	1.507	60.179
	公司政策执行	3.939	1.692	52.578
	降低错误率	5.178	1.218	96.037
	信息质量可靠	3.655	1.572	52.518
	信息收集便捷	4.439	1.564	64.085

续表6－21

一级指标	二级指标	均值	方差	t 值
绩效信息响应协同	企业员工、主管、客户之间沟通的协同	5.375	0.914	132.754
	绩效评价系统与人才招募之间协同	4.751	1.443	74.371
	绩效评价系统与岗位轮换之间协同	5.504	1.501	82.783
	员工绩效与绩效激励之间协同	4.622	1.748	59.694
	企业内部部门之间知识共享的协同	4.835	1.359	80.346
绩效评价体系协同	员工绩效与岗位绩效产出协同	4.243	1.162	82.430
	员工绩效与岗位绩效重要性协同	5.508	1.264	98.391
	绩效评价体系的单元调整协同	4.661	0.889	118.391
	绩效评价体系的单元调整协同效率高	4.522	1.590	64.210
	绩效评价体系协同效果好	5.667	0.935	136.814

注：t 值均大于临界值3.33，为具有显著拒绝原假设，接受协同型绩效评价系统具有显著提升功能。

表 6－22　问卷一级指标的 t 检验

一级指标	全部人员		生产人员		技术与研发人员		管理与销售人员	
	均值	t 值	均值	t 值	均值	t 值	均值	t 值
企业文化	3.829	34.984	3.893	48.591	4.023	1.429	4.03	41.978
评价主体	4.091	61.053	4.134	36.529	4.215	1.992	3.96	73.373
指标评价体系	4.326	48.583	3.802	64.735	4.765	1.271	4.03	39.946
评估与反馈	4.067	37.393	3.584	46.126	4.352	1.629	4.473	51.172
系统性能	4.701	58.567	4.725	88.109	5.507	1.237	3.892	101.197
系统服务	5.732	35.181	4.497	46.233	5.638	0.962	4.133	56.797
绩效信息流通协同	4.064	38.461	4.03	48.128	5.775	1.214	4.688	64.135
绩效信息响应协同	4.369	38.559	3.959	54.622	5.084	1.196	4.832	47.176
绩效评价体系协同	5.087	34.984	5.083	38.591	5.383	0.918	4.228	62.35

6.4 本章小结

本章选择锦纶行业中某特大型上市公司（JL 公司）进行典型分析，在对 JL 公司所在地、行业、竞争格局及企业现状进行分析的基础上，重点介绍该公司的绩效评价系统，详细说明了销售人员、生产人员及一般管理人员的绩效考核与管理标准及措施。为了比较分析基于移动互联网的协同型绩效评价系统是否具有提升协同性绩效评价效果，在公司的支持下，作者通过发放问卷，调查公司生产、技术、研发、销售和管理人员，通过假设检验方法，实证检验该系统施行后企业文化、评价主体、指标评价系统、评估与反馈、系统性能、系统服务得到了完善和提高；同时在三类人员中，技术与研发人员对该系统投入后效果最满意，其次是管理与销售人员，然后是生产人员，员工对系统投入后的效果总体上是满意的。总之，典型分析 JL 公司的实证结果表明：基于移动互联网的协同型绩效评价系统不仅使绩效信息流通、绩效信息响应、绩效评价系统协同，还提升了系统其他模块的性能。

第7章　结论与建议

　　移动互联网带来了企业管理的深刻变革，这也是绩效评价工作的一次重大变革、企业管理模式的更新。本书是对协同型绩效评价系统研究的一次尝试，仅仅是一个探索性成果。协同理论、绩效评价系统理论的发展及企业对绩效评价系统实践活动的不断深入，尤其是科技的迅猛发展，将会给协同型绩效评价系统带来无限的活力，作者一定会密切关注这方面的研究成果，并借助他们的研究成果丰富本书的研究内容[①]。

7.1　结论

7.1.1　构建基于移动互联网的协同型绩效评价系统既有必要性，也有可行性

　　移动互联网迅速发展，已经涵盖了人们生活的各个方面，不仅改变了人们的生活、沟通、娱乐休闲乃至消费方式，也改变了企业的管理方式，还改变了企业的绩效评价模式。移动互联网不仅仅只

---

　　① Stockdale，Craig Standing. An interpretive approach to evaluating information systems：A content，context，process framework [J]. European Journal of Operational Research，2006 (173)：1090−1102.

是互联网的延伸，更是对绩效评价系统的颠覆。移动互联网可以通畅绩效评价的真实信息，而现代企业绩效评价的真正困惑很大程度上不是评价体系中各个系统有问题，而是信息流通的困惑、信息虚假的困惑、信息处理的困惑。因此，移动互联网可以顺应企业绩效评价的要求，充分拓展信息流通的渠道与流动的时速及效率；同时，移动互联网的发展及移动互联网用户的急速增加，再加上企业对信息系统的投入加大，为构建基于移动互联网的协同型绩效评价系统提供了现实的必要性与可行性①。

7.1.2 基于移动互联网的协同型绩效评价系统框架需要科学诊断、合理布局

基于移动互联网的协同型绩效评价系统包含系统论、协同理论、移动互联网、生物生态学理论、心理学、管理学、经济学、信息学、行为科学等多学科理论，是一个系统的工程建设。因此，在构建基于移动互联网的协同型绩效评价系统框架的时候必须遵从战略性、系统性、实时性、开放性、动态性、正规化、智能化等原则，既要注重信息平台的安全性及用户操作的便利性，也要从基于移动互联网的视角去构建协同型信息系统框架、功能模块、数据库处理，还要从绩效评价系统的管理目的及绩效评价结果的应用特点去进行绩效评价系统框架的设计，从而使基于移动互联网的协同型绩效评价系统真正系统化、目标化、人性化、信息化、动态化。

7.1.3 影响基于移动互联网的协同型绩效评价系统的关键因素显著影响系统效果

Kavanagh、Gueutal 和 Rogers（2005）认为高阶主管影响着

---

① Sanfey A G, Rilling J R, Aronson J A, et al. The neural basis of econom decision-making in the ultimatum game [J]. Science, 2003, 300 (5626): 1755-1758.

绩效管理；Al-Shaliby（2011）给出成功的信息化是帮助公司目标和相关用户目标同时实现的有效途径，并指出信息质量、系统质量和有用性都是决定 HRIS 成功与否的重要影响因素；Ramezan（2010）和 Bal 等（2012）支持了 Al-Shaliby 的研究，并增加了使用的便利性作为决定 HRIS 成功与否的关键影响因素。本书对江西省高新开发区内的人力资源部门绩效评价专员及管理人员、技术工程人员进行了影响基于移动互联网的协同型绩效评价系统的关键因素的问卷调查，寻找出了影响协同型绩效评价系统的关键因素：首先是评价主体，其次是指标评价系统、评估与反馈、企业文化等影响评价系统优劣的传统性因素，而非系统软硬件。

7.1.4 基于移动互联网的协同型绩效评价系统可以提升绩效评价效应

本书选择了锦纶行业中某特大型上市公司（JL 公司）进行实证分析，通过发放问卷，调查公司生产、技术、研发、销售和管理人员，通过假设检验方法，实证检验该系统施行后企业文化、评价主体、指标评价系统、评估与反馈、系统性能、系统服务得到了完善和提高；在三类人员中，技术与研发人员对该系统投入后效果最满意，其次是管理与销售人员，然后是生产人员，员工对系统投入后的效果总体上是满意的。总之，典型分析 JL 公司的实证结果表明：协同型绩效评价系统不仅使绩效信息流通、绩效信息响应、绩效评价系统协同，还提升了系统其他模块的性能。

7.2 建议

7.2.1 从移动互联网的新视角去整合绩效评价系统

随着移动互联网的普及及协调管理理论的不断发展，未来的企业绩效评价更需要注重员工之间的互动、管理者与被管理者的互动、员工与客户的互动、员工工作绩效与企业战略目标的互动、绩效结果与绩效应用的互动等，而所有这些可以借助于员工比较乐意使用而且越来越普及的移动互联网这一现代化的资信工具。目前移动互动网已经在很多企业推行，甚至覆盖了企业人力资源管理事务，但在绩效评价系统的整合及绩效评价系统与其他系统的链接方面还不够完备，甚至有点断裂。例如，绩效评价主体、评价指标系统、评价标准、评价方法如何依据绩效评估反馈的信息进行动态调整。从事绩效管理的员工还必须在不同的系统中处理对应的业务，从而容易导致时间浪费、效率低下、资料不统一，甚至出现差错。因此，建议打破部门间的本位主义，实现真正的信息平台共享，整合绩效评价系统，彻底解决评价系统的整合性问题。

7.2.2 加强绩效评价系统与其他系统间的联动

绩效评价系统是企业管理的重要组成部分，也是实现企业管理的重要功能。以移动互联网为技术，以绩效评价系统为测量员工绩效、企业管理效率、市场对企业的反应、企业对员工培训与开发效果的管理工具，并通过移动互联网技术实现绩效评价系统与其他系统的联动，那么更容易达成信息在不同员工层面、不同群体间、员工与客户间、企业与市场间、绩效与目标间等的畅通，绩效与应用的畅通，这样的系统间联动不仅能为员工提供更好的知识传承、信息分享、政策落地、上下沟通，也可以使员工工作目标更清晰、工作效率更高、工作对象更准确，还为决策者调整战略目标、实施有效管理、确立合理的投资机构、明确人力资源培养开发计划提供依据。

7.2.3 注重影响基于移动互联网的协同型绩效评价系统的关键因素

虽然影响协同型绩效评价系统的因素非常多，既有企业外部的，也有企业内部的，还有绩效评价系统本身的，既有经济、文化、科技、法律等方面的，也有客户、员工、管理机制、信息技术等方面的，但影响基于移动互联网的协同型绩效评价系统的本质是绩效信息合理而科学地流通，乃至协同功能发挥及绩效评价的效果，其中最关键的因素是评价主体，其次是指标评价系统、评估与反馈、企业文化等影响评价系统优劣的传统性因素，而非系统软硬件。因此，企业在建立评价系统的时候应该特别注重评价主体、科学的评价方法和良好的企业文化，这样的评价系统将有助于绩效信息流通协同，从而让全体员工更加明确岗位职能及分级，有效执行公司政策，降低绩效评估中的错误，快速有效地收集可靠的绩效评估信息，从而真正达成企业绩效评价的目标。

7.2.4 强化绩效评价过程中的管控

绩效评价过程其实就是一个管理过程，涉及的环节多、因素多、部门多、人员多、信息多、内容多，使各个部门之间协调配合，真正承担起对应的职责，并且及时传导相应的员工工作行为、状态、结果等信息才能实现绩效评价的真正用意，因此，企业不仅应该是规则的制定者，更应该是秩序的维持者，充当裁判员，才能真正强化绩效评价过程的管控，提升部门间的合作交流、人员间的协调配合、员工与客户之间的沟通、上下级之间的相互监督。如在评价过程中管控的评价主体行为，一旦发现评价主体徇私舞弊、以权谋私，那么在协同型绩效评价系统评价主体资料库中取消其作为评价主体的资格，情节严重的进行对应的人事管理制度处罚。这样可以保证绩效评价系统在制度的框架下运行，在制度管控中加强合作、监督，从而提升企业管理效率。

7.2.5 健全企业信任机制

由于基于移动互联网的协同型绩效评价系统是一个复杂的系统，不仅需要绩效评价系统中的各个子系统之间相互协同，还要求绩效评价系统与其他系统协同，而这一系列的系统协同涉及面广、技术要求高、信息要求准确、配合需要默契，因此，部门间协同机制的建立就非常有必要。绩效评价实质是一种合作博弈的过程，无论是部门还是员工，抑或是客户，都希望自己的利益最大化或者服务最优化，同时又想回避评价的矛盾与风险。只有建立健全的信任协调机制才可能消除评价主体与评价客体间的隔阂、员工与客户间的隔阂、上级与下级间的隔阂、部门间的隔阂与本位主义，才能在信任协调中遵守规则制度，在矛盾中加强沟通、减少对抗，才能实现企业的管理资源优化，帮助企业寻找到员工的工作状态、工作行为及工作结果，帮助企业寻找到了客户的真实需要，这样才有利于企业从战略的高度去配置资源，培训与开发员工，并且制订切实可行的满足客户需求的策略，从而实现企业、员工、客户的共赢。

7.2.6 加强信息平台建设

信息平台是基于移动互联网的协同型绩效评价系统实现的基础，也是保证信息及时传递、及时处理、及时反馈的管理枢纽。因此，企业应加强信息平台的建设，包括硬件设施的配置、人员的配置、激励机制的制订、信息技术人员定期的培训、信息渠道的建立，搭建立体化的、多视角、多渠道的信息平台，从而有利于从技术支持的角度去支持基于移动互联网的协同型绩效评价系统的实现，保障绩效评价信息资源集成与共享。

7.2.7 打造拥抱移动互联网时代的企业文化

移动改变了生活，也改变了企业的管理模式，还改变着绩效评价系统，基于移动互联网的协同型绩效评价系统正是顺应这个改变而建立的。企业不仅是一种经济组织，也是一种社会组织，还是一种文化组织。无论是企业员工还是企业的客户，只有具备了拥抱移动互联网时代的企业文化，才能去接纳移动互联网带来的革命，才能融入移动互联网给他们的工作、生活带来的变革。因此，企业必须打造拥抱移动互联网时代的企业文化，员工只有置身于这样的文化下，才会积极参与文化给企业带来的绩效评价系统的革新，才会利用好他们所掌握的移动互联网工具与企业的信息平台对接，参与绩效评价系统的一系列过程，那么也就容易参与到公司构建的基于移动互联网的协同型绩效评价系统中，从而实现企业的协同型绩效评价。

参考文献

［1］ 财政部统计评价司. 企业效绩评价问答 ［M］. 北京：经济科学出版社，1999.

［2］ 赵泉午，黄志忠. 上市公司 ERP 实施前后绩效变化的实证研究——来自沪市 1993—2003 年的经验数据 ［J］. 管理科学学报，2008 (11).

［3］ Bollen, Kenneth A. A comment on modeland modification ［J］. Multivariate Behavioral Research，1990，25 (2)：181—185.

［4］ Chou Chih-Ping, Bentler P M. Model modification in structural equation modelingby imposing constraints ［J］. Computational Statistics & Data Analysis，2002 (41)：271—287.

［5］ Martinsons M G. ERP in China：One package，two profiles ［J］. Communication of the ACM，2004：47.

［6］ Reisinger，Yvette，Lindsay Turner. Structural equation modeling with Lisrel：Application in ourism ［J］. Tourism Management，1999 (20)：71—88.

［7］ Shevlin M，Miles J N V. Effects of sample size, model specification and factor loading on the GFI in confirmatory factor analysis ［J］. Personality and Individual Differences，1998 (25)：85—90.

［8］ Sörbom，Dag. Model modification ［J］. Psychometrika，1989，54 (3)：371—384.

[9] Steiger, James H. Structural model evaluation and modification: An interval estimation approach [J]. Multivariate Behavioral Research, 1990, 25 (2): 173−180.

[10] Yoon Yooshik, Muzaffer Uysal. An examination of the effects of motivation and satisfaction on destination loyalty: Astructural model [J]. Tourism Management, 2005 (26): 45−56.

[11] 丁琳, 席酉民, 张华. 变革型领导与员工创新: 领导—下属关系的中介作用 [J]. 科研管理, 2010, 31 (1): 177−184.

[12] Bernardinetal H J, Beatty R W. Performance appraisal: Assessing human behavior at Work [M]. Boston: Kent Publishers, 1984.

[13] Bemadin A, Kriebel C H, Mukhopadhyay T. Information technologies and business value: An analytic and empirical investigation [J]. Information Systems Research, 1995, 6 (1): 3−23.

[14] Robert Gibbons, Kevin Murphy. Subjective performance measures in optimal incentive contracts [J]. Quarterly Journal of Economics, 1994, 109 (4): 25−56.

[15] Andrew Campbell. Strategic Synergy [M]. Washington: Washington University Press, 2003.

[16] 王立生. 社会资本、吸收能力对知识获取和创新绩效的影响研究 [D]. 杭州: 浙江大学, 2007.

[17] 朱晓妹, 王重鸣. 员工心理契约及其组织效果研究 [J]. 管理工程学报, 2006, 20 (3): 123−126.

[18] Youndt M A, Snell S A. Human resource configurations intellectual capital and organizational performance [J]. Journal of Managerial Issues, 2004 (3): 337−360.

[19] Remenyi D，Smith M S．Achieving maximum value from IS：A process approach [M]．New York：NY USA John Wiley & Sons Ltd.，1997．

[20] Rao A S．Effectiveness of performance management systems：An empirical study in Indian companies [J]．International Journal of Human Resource Management，2007，18（10）：1812－1840．

[21] 巴里·格哈特，萨拉·瑞纳什．薪酬管理——理论、证据与战略意义 [M]．朱舟，译．上海：上海财经大学出版社，2005．

[22] 邵宏宇．基于信息化能力的企业全面信息管理研究 [D]．天津：天津大学，2009．

[23] Moers F．Performance measure properties and delegation [J]．The Accounting Review，2006，81（4）：92－94．

[24] 张伶，张大伟，谢晋宇．绩效评估系统模式研究：组织公正视角 [J]．经济管理，2006（12）．

[25] 张宁俊，付晓蓉．超组织视角下的员工价值与顾客价值 [J]．财经科学，2007（7）．

[26] Viswesvaran C，Ones D．Perspectives on models of job performance [J]．International Journal of Selection and Assessment，2000（8）：216－226．

[27] 沈伟民，罗伯特·卡普兰．升级平衡计分卡 [J]．经理人，2011（3）．

[28] Paul E L，Jane R W．The social context of performance appraisal：A review and framework for the future [J]．Journal of Management，2004（30）：881－905．

[29] Mutiara S P．Impact of perceived justice in performance appraisal on work attitudes and performance [J]．Doctoral Dissertation，2001．

［30］宋艳，银路. 新兴技术的物种特性及形成路径研究［J］. 管理学报，2007（4）.

［31］马歇尔·迈耶. 绩效测量反思超越平衡计分卡［M］. 姜文波，译. 北京：机械工业出版社，2005.

［32］保罗·尼文. 政府及非营利组织平衡计分卡［M］. 胡玉明，译. 北京：中国财政经济出版社，2004.

［33］李宁，严进. 组织信任氛围对任务绩效的作用途径［J］. 心理学报，2007，39（6）：111-121.

［34］林书雄. 新兴技术的内涵及其不确定性分析［J］. 价值工程，2006（9）.

［35］王铁男，李一军，刘娇. 基于 BSC 的企业信息化绩效评价应用研究［J］. 中国软科学，2006（4）：136-155.

［36］马士华. 平衡计分卡在保险企业绩效管理中的应用研究［D］. 武汉：华中科技大学，2002.

［37］杨琴，姚娟. 基于价值链和平衡计分卡评估信息系统价值［J］. 审计与经济研究，2006，7（4）：93-96.

［38］张士强，陈猛. 论平衡计分卡在战略实施中的应用［J］. 现代商业，2007（18）.

［39］林俊. 经济增加值在企业绩效评价中的应用［J］. 当代经济，2007（8）.

［40］郭亚军. 综合评价理论与方法［M］. 北京：科学出版社，2002.

［41］刘国云，陈国菲. 国有企业 EVA 价值管理研究［D］. 青岛：中国海洋大学，2009.

［42］杨燕. 基于平衡计分卡的绩效管理指标权重的确定——层次分析法的实证研究［J］. 商场现代化，2008，4（535）：116-117.

［43］贾峰，罗俊辰. 平衡计分卡在企业战略管理中的应用述评

[J]. 山西农业大学学报（社会科学版），2011，10（4）：368—372.

[44] 刘荣. 运用平衡记分卡建立内部审计部门层级评价指标系统的研究 [D]. 昆明：云南大学，2012.

[45] Hagan C M, Konopaske R, Bernardin H J, et al. Predicting assessment center performance with 360-degree, top-down, and customer-based competency assessments [J]. Human Resource Management，2006，45（3）：357—390.

[46] 韦恩·卡西欧，赫尔曼·阿吉尼斯. 人力资源管理中的应用心理学 [M]. 吕厚超，译. 北京：北京大学出版社，2006.

[47] 方振邦，鲍春雷. 绩效管理工具的发展演变 [J]. 理论界，2010（4）.

[48] 邓倩. 知识型员工绩效考核研究 [D]. 天津：天津大学，2006.

[49] Sonnentag S, Frese M. Psychological management of individual performance [J]. John Wiley & Sons，2004：1—25.

[50] 加里·莱瑟姆，肯尼斯·韦克斯利. 绩效考评——致力于提高企事业组织的综合实力 [M]. 萧鸣政，译. 北京：人民大学出版社，2002.

[51] 秦淦. 干部工作绩效考核 [J]. 社会科学，1985（8）.

[52] 丛庆，王玉梅. 员工绩效评价方案的设计与实施研究 [J]. 成都大学学报（自然科学版），2004（4）.

[53] 赵静杰，庞博. 基于层次分析法的知识型员工绩效考核系统设计 [J]. 河北科技大学学报，2009（4）.

[54] 邓正平，刘杰. LK 服装公司员工绩效考核系统研究 [D]. 南京：江苏大学，2006.

[55] 彭剑锋. 和谐视角下的中国企业人力资源问题 [J]. 人力资源，2007（3）.

［56］罗伯特·巴克沃. 绩效管理——如何考评员工表现［M］. 陈舟平，译. 北京：中国标准出版社，2000.

［57］乐国安，尹虹艳，王晓庄. 组织承诺研究综述［J］. 应用心理学，2006，12（1）：84－90.

［58］秦寿康. 综合评价原理与应用［M］. 北京：电子工业出版社，2003.

［59］陈衍泰，陈国宏，陈美娟. 综合评价方法分类及研究进展［J］. 管理科学学报，2004.

［60］彭正龙，孙鸿广. 企业员工绩效考评方法研究及应用［J］. 上海大学学报（自然科学版），1998（3）.

［61］李发勇，李光金，张茂勤. DEA方法在员工绩效评价中的应用［J］. 商业研究，2005（1）.

［62］杨少梅. 层次分析法在员工绩效评价中的应用［J］. 华北电力大学学报，2006，33（4）：7.

［63］陆泽勇. 国有企业如何建立员工绩效评价系统——以江铃控股有限公司为例［J］. 中国高新技术企业，2013（12）.

［64］王君华. 企业集团协同管理绩效评价模型［J］. 统计与决策，2006（21）.

［65］张翠华，周红，赵淼，等. 供应链协同绩效评价及其应用［J］. 东北大学学报，2006（6）.

［66］王新华，孙智慧，赵琰. 企业组织内部协同性评价指标系统的建立与分析［J］. 山东科技大学学报（社会科学版），2009（1）.

［67］冯博，索玮岚，樊治平. 考虑多指标模糊关联的服务制造网络协同绩效评价方法［J］. 中国管理科学，2012（4）.

［68］李晴. 民营企业绩效考核研究及实证分析［J］. 武汉理工大学学报，2004.

［69］Yamin S，Gunasekaran A，Felix T. Relationship between

generic strategies, competitive advantage and organizational performance: An empirical analysis [J]. Technovation, 1999, 19 (8): 507-518.

[70] 顾琴轩, 王莉红. 人力资本与社会资本对创新行为的影响——基于科研人员个体的实证研究 [J]. 科学学研究, 2009, 27 (10): 1564-1570.

[71] 白列湖. 协同论与管理协同理论 [J]. 甘肃社会科学, 2007 (5).

[72] 杜栋. 协同、协同管理与协同管理系统 [J]. 现代管理科学, 2008 (2).

[73] 王喜祥. 基于协同论的现代管理研究 [J]. 现代商贸工业, 2009 (8).

[74] 刘安兵. 基于企业文化的内部控制研究 [D]. 大连: 东北财经大学, 2006.

[75] 葛富贵. 基于流程的绩效考核系统研究 [D]. 济南: 山东大学, 2006.

[76] 王晓波, 柳杨. 人力资源管理系统协同性理论 [EB/OL]. [2010-08-28]. http://manage.org.cn.

[77] 王贺. 我国人力资本现状与投资策略探析 [J]. 人民论坛, 2013 (26).

[78] 陈芳. 绩效管理 [M]. 深圳: 海天出版社, 2002.

[79] 冯子标. 人力资本投资与中国经济长期增长 [D]. 北京: 首都经济贸易大学, 2007.

[80] 刘韬. 绩效考评操作实务 [M]. 郑州: 河南人民出版社, 2002.

[81] 刘力鸥. 维纳归因理论对教学实践的指导作用刍议 [J]. 济南职业学院学报, 2007 (4): 37-39.

[82] 付亚和, 许玉林. 绩效管理 [M]. 上海: 复旦大学出版

社，2003.

［83］劳伦斯·克雷曼. 人力资源管理——获取竞争优势的工具［M］. 孙非，译. 北京：机械工业出版社，2003.

［84］郑绍谦，陈万华，胡君臣，等. 人力资源开发与管理［M］. 上海：复旦大学出版社，1995.

［85］廖小青，何家汉. 员工绩效管理系统的设计与实施［M］. 广州：华南理工大学出版社，2002.

［86］张一驰. 人力资源管理［M］. 北京：北京大学出版社，1999.

［87］魏宏森，曾国屏. 系统论——系统科学哲学［M］. 北京：清华大学出版社，1995.

［88］苗东升. 系统科学精要［M］. 北京：中国人民大学出版社，1998.

［89］公静，王德娟. 基于企业生命周期理论的企业家精神与企业文化建设［J］. 商场现代化，2006（12）：334-335.

［90］Grossman S，Hart O. An analysis of the principal agent problem［J］. Econometric，1983：17-45.

［91］马费成，靖继鹏. 信息经济分析［M］. 北京：科学技术文献出版社，2005.

［92］坎贝尔·R. 麦克南，斯坦利·L. 布鲁，大卫·A. 麦克菲逊. 当代劳动经济学［M］. 6版. 刘文，赵成美，连海霞，译. 北京：人民邮电出版社，2004.

［93］廖建桥，文鹏. 知识员工定义、特征及分类研究述评［J］. 管理学报，2009，6（2）：277-283.

［94］George F. Predicting the salary satisfaction of exempt employees［J］. Personnel Psychology，1981（3）.

［95］Li Haibin，Fu Yushun，Wang Cheng. A survey of workflow management［J］. Journal of Software，2001，11（7）：899-907.

[96] 杨洋，李志蜀. 工作流管理系统发展状况与趋势研究 [J]. 四川经济管理学院学报，2008 (1)：53-56.

[97] 王霓虹，于海浩. 工作流技术及其发展趋势的研究 [J]. 信息技术，2007 (6)：67-72.

[98] 赵瑞东，陆晶，时燕. 工作流与工作流管理技术综述 [J]. 科技信息，2007 (8)：105-107.

[99] 陈洪娜，祖旭，周峰. 工作流技术研究发展状况、研究内容及趋势 [J]. 重庆工学院学报，2006，20 (2)：66-69.

[100] 张民，郭玉彬，李西明，等. 工作流正确性问题综述 [J]. 计算机应用研究，2009，26 (5)：1646-1649.

[101] 张林. 创新型企业绩效评价影响因素分析——基于财务与非财务视角的问卷调查结果分析 [J]. 商业经济，2012 (6)：83-86.

[102] Niiranen V. The many purposes of performance evaluation [J]. International Journal of Public Administration，2008，31 (10/11)：1208-1222.

[103] 马君，王晓红. 基于元分析视角的绩效考评系统设计机理研究综述 [J]. 外国经济与管理，2008 (3).

[104] Steven J C，Richard E C，Harold D S. The Effects of incentives on workplace performance：A meta-analytic review of research studies [J]. Performance Improvement Quarterly，2003，16 (3)：7-24.

[105] 李垣，孙恺. 企业家激励机制对分配性行为的治理分析 [J]. 管理科学学报，2000，3 (3)：33-38.

[106] Jason Novotny，Michael Russell，Oliver Wehrens. Grid sphere [J]. A Portal Framework，2007.

[107] Foster I，Czajkowski K，Ferguson D F. Modeling and managing state in distributed systems：The role of OGSI

and WSRF [J]. Proceedings of the IEEE, 2005 (3).

[108] 王君华. 企业集团协同管理绩效评价模型 [J]. 统计与决策, 2006 (21).

[109] 彭增喜, 张钢. 基于移动互联网服务和工作流技术的应用集成研究 [J]. 微机处理, 2009 (1): 60-62.

[110] 庚邦. 基于 ASP. NET 2.0 的三层架构应用程序的设计与实现 [J]. 大众科技, 2008 (9): 59-60.

[111] 邵敏, 张旭昆. 企业激励机制中的绩效评价与反馈 [J]. 商业经济与管理, 2003 (12).

[112] Theodosiou M, Katsikea E. How management control and job-related characteristics influence the performance of export sales managers [J]. Journal of Business Research, 2007, 60 (12): 1261-1271.

[113] Robert Simons. Levers of control: How managers use innovative control systems to drive strategic renewal [M]. Boston: Harvard Business School Press, 1995.

[114] 马君. 企业绩效考评系统类型及适用性 [J]. 企业管理, 2008 (4).

[115] 赵勇, 刘业政, 陈刚, 等. 积极情感、消极情感和薪酬满意度的关系实证研究 [J]. 科学学与科学技术管理, 2006 (7): 152-156.

[116] 许均平. 企业管理层激励: 一个理论综述 [J]. 金融经济 (理论版), 2007 (6): 162-163.

[117] 林琳, 唐阔. 远程调用方法及其在 Globus Toolkit4 中的应用 [J]. 吉林大学学报, 2007 (6).

[118] 曾旷怡, 杨家海. 一种基于策略的网络管理系统研究与实现 [J]. 小型微型计算机系统, 2007 (2).

[119] 黄丹亭, 黄同圳. 企业导入电子化绩效管理系统之探讨——

以 D 公司为例 [D]. 桃园："国立"中央大学，2011.

[120] Yamin S, Gunasekaran A, Felix T. Relationship between generic strategies, competitive advantage and organizational performance: An empirical analysis [J]. Technovation, 1999, 19 (8): 507—518.

[121] Ishida J. Team incentives under relative performance evaluation [J]. Journal of Economics & Management Strategy, 2006, 15 (1): 187—206.

[122] Wang Y X, Guenther R. The cognitive process of decision making [J]. Journal of Cognitive Informatics and Natural Intelligence, 2007, 1 (2): 7—85.

[123] Svenson O. Decision making and the search for funda mental psychological regularities: What can be learned from a process perspective? [J]. Organizational Behavior and Human Decision Processes, 1996 (65): 252—267.

[124] Willcocks L, Lester S. Assess IT productivity: Any way out of the labyrinth [M]. London: McGraw—Hill, 1997.

[125] Symons V J. A review of information systems evaluation: Content, context and process [J]. Buropean Journal of Information Systems, 1991, 1 (3): 205—212.

[126] Willcocks L, Lester S. Evaluating the feasibility of information systems investments: Recent UK evidence and new approaches [M]. London: Chapman & Hall, 1994.

[127] Tversky A, Knneman D. Judgment under uncertainty: Heuristics and biases [J]. Science, 1974, 185 (4157): 1124—1131.

[128] Thaler R H. Mental accounting matters [J]. Journal of Behavioral Decision Making, 1999 (12): 183—206.

[129] Ward J. Information economics: A practical approach to valuing information systems [M]. London: Chapman & Hall, 1994.

[130] Thomas H D, Laurenee P. Information neology: Mastering the information and knowledge environment [M]. New York: Oxford University Press, 1997.

[131] Magnus Kald, Fredrik Nilson. Performance measurement at nordic companies [J]. European Management Journal, 2000, 18 (2): 113-126.

[132] Basel Committee. Basel Ⅱ: International convergence of capital measurement and capital standards: A Revised Framework [EB/OL]. [2004 - 06 - 26/2005 - 01 - 20]. http://www. bis. org/publ/bcbs107. html.

[133] Hummel J, Huitt W. What you measure is what you get [J]. GaASCD Newsletter, 1994 (2): 10-11.

[134] Suwignjo P. Strategy management through quantitative modeling of performance measurement systems [J], Int. J. Production Economics, 2001 (69): 15-22.

[135] Robert Ferguson, Joel Rentzler, Susana Yu. Does Economic Value Added (EVA) improve stock performance profitability? [J]. Journal of Applied Finance, 2005 (Fall/Winter).

[136] Robert Ferguson, Dean Leistikow. Search for the best financial performance measure: Basics are better financial analysts [J]. Journal, 1998 (January/February).

[137] 孟显仕. 企业绩效评价中的非财务指标研究 [D]. 北京: 对外经济贸易大学, 2006.

[138] Kaplan R S, Norton D P. The balanced scorecard measures that drive performance [J]. Harvard Business Review,

1992，70（1）：71—80.

[139] 杨奕源，杨英杰，蔡文修. 从平衡计分卡探讨台湾地区中小企业经营之关键成功因素 [J]. 中小企业发展季刊，2011，6（20）.

[140] 胡瑞卿. 科技人才个人收益测评指标体系的构建与测定 [J]. 统计与信息论坛，2006（7）：47—48.

[141] 刘宗芳. Fuzzy 方法在人才考评中的应用 [J]. 汽车科技，2000（4）：59—62.

[142] 程东晓. 河北省创新型科技人才竞争力评价 [D]. 石家庄：河北科技大学，2010（1）.

[143] 王媛，马晓燕. 基于模糊理论与神经网络的人才评价方法 [J]. 科学管理研究，2006（3）：79—81.

[144] 罗冬梅. 河北省科技人才竞争力研究 [D]. 保定：河北农业大学，2009（5）.

[145] 周学军，胡宇辰. 区域科技人才复合效能、科技投入与人才流动关联研究 [J]. 科技进步与对策，2012（9）.

[146] 李群，陈鹏. 我国人才效能分析与对策研究 [J]. 系统工程理论与实践，2006（5）：72—77.

[147] 刘君. 基于灰色关联度的模糊层次组合下的应用型人才培养模式评价模型 [J]. 科技信息，2009（4）：255—345.

[148] Kinney William, David Burgstahler, Roger Martin. Earnings surprise "materiality" as measured by stock returns [J]. Journal of Accouting Research, 2002, 40（5）：1297—1329.

[149] Ronte H. Value based management [J]. Management Accounting, 1998.

[150] Simms J. Marketing for Value [J]. Marketing, 2001.

[151] Sandra A L. Impact assessment of the effectiveness of the 2+2 performance appraisal model [D]. Minneapolis: Capella

University，2006.

[152] Alexandros Papalexandris，George Ioannou，Gregory Prastacos，et al. An integrated methodology for putting the balance scorecard into action [J]. European Management Journal，2005，23（2）：214－227.

[153] 简兆全，吴隆增，黄静. 吸收能力、知识整合对组织创新和组织绩效的影响研究 [J]. 科研管理，2008，29（1）：80－86.

[154] Holmstrom B，Tirole J. Market liquidity and performance monitoring [J]. Journal of Political Economy，1993，101（4）：678－709.

[155] Song F H，Thakor A V. Information control，career concerns，and corporate governanc [J]. Journal of Finance，2006，61（4）：1845－1896.

[156] 何永芳. 现代公司制度前沿问题研究 [M]. 成都：西南财经大学出版社，2006.

[157] 韦影. 企业社会资本对技术创新绩效的影响——基于吸收能力的视角 [D]. 杭州：浙江大学，2006.

[158] Robert Hogan，Dana Shelton. A socioanalytic perspective on job performance [J]. Human Performance，1998，11（2/3）：129－144.

[159] Robert Gibbons，Kevin Murphy. Subjective performance measures in optimal incentive contracts [J]. Quarterly Journal of Economics，1994，109（4）：25－56.

[160] 王嘉寅，许晓雯. 项目团队和谐度的响应模型分析 [J]. 数学的实践与认识，2007，8（37）：117－120.

[161] 石森昌. 基于机制设计的经济环境协调度模型 [J]. 石家庄经济学院学报，2009，1（32）：25－27.

[162] 张效莉，王成璋. 人口、经济发展与生态环境系统协调性测度及应用研究 [J]. 西安交通大学学报，2007：10-20.

[163] 郗英，胡剑芬. 企业生存系统的协调模型研究 [J]. 工业工程，2005，3（28）：31-33.

[164] 刘树森. 现代制造企业信息化 [M]. 北京：科学出版社，2005.

[165] 杨兆升，陈昕，王海洋. 协同学理论应用于 ITS 研究 [J]. 辽宁工业大学学报，2008（17）：48-51.

[166] Andrew Campbell. Strategic Synergy [M]. Washington：Washington University Press，2003.

[167] 唐德才. 我国制造业 CM 模式及其影响因素的实证研究 [J]. 管理工程学报，2009，2（23）：131-132.

[168] 孙韬，赵树宽，乔壮. 我国装备制造业转型升级发展对策研究 [J]. 工业技术经济，2011，5（5）：38-39.

[169] Christine Olibver. The effectiveness of strategic political management：A dynamic capabilities framework [J]. The Academy of Management Review Archive，2008，12（33）：496-520.

[170] 潘开灵，白烈湖. 管理协同理论及其应用 [M]. 北京：经济管理出版社，2006.

[171] 王勇. 基于协同管理的中石化企业信息化研究 [D]. 济南：山东大学，2010.

[172] 白冰，邓修权，高德华. 基于复杂系统理论的企业能力研究综述 [J]. 现代管理科学，2011（3）：61-62.

[173] Cliff V A. What are dynamic capabilities and are they a useful construct in strategic management? [J]. International Journal of Management Reviews，2009，11（1）：29-49.

[174] Zott Amit. The business model：Recent developments and

future research [J]. Journal of Management，2011，37 (4)：1019-1042.

[175] 郭纪伟. 制造业企业动态协同管理模式协同性评价研究 [D]. 哈尔滨：哈尔滨工业大学，2012.

[176] 张铁男，张亚娟，韩兵. 基于系统科学的企业战略协同机制研究 [J]. 科学与科学技术管理，2009 (12)：140-147.

[177] 高宏伟. 产学研合作模式选择的博弈分析 [J]. 沈阳工业大学学报（社会科学版），2011，4 (2)：141-146.

[178] 李蔚. 基于要素的建设项目协同管理研究 [J]. 武汉：华中科技大学，2006.

[179] 史修松. 基于耗散结构理论的企业组织演化分析 [J]. 现代管理科学，2006 (6)：41-43.

[180] Zhang Chaoxiao. Study on the complex mutual relation between team members，incentive structure，and market influence：A game model [A] //2008 7th World Congress on Intelligent Control and Automation [C]. 2008：6314-6318.

[181] Bredow J，Wright C，Manley B. Work in progress：A model for cooperation between university and K－12 components in science and technology education [C] //36th Annual Frontiers in Education，Conference Program. Vols 1-4-borders：international，social and cultural. 2006：1503-1504.

[182] Dong Wei，Liu Xiao. The cooperation of industry：Education and research and the cultivation of innovative talents [A] //Proceedings of the 4th international Conference on Product Innovation Management，Volsi and Ii [C]. 2009：1949-1952.

［183］ Kuter S, Koc S. A Multi-level analysis of the teacher education internship ill terms of its collaborative dimension in northern cyprus ［J］. International Journal of Educational Development, 2009, 29 (4): 415－425.

［184］ Sala A. Pedagogical conditions for the development of student research competences in tourism studies ［A］// Society, Integration, Education, Proceed ［C］. 2009: 192－198.

［185］ 李学坤. 信息技术对人力资源管理模式的影响探析 ［J］. 现代经济信息，2013 (5)：44－46.

［186］ Steiger J H. Structure model evaluation and modification: An interval estimation approach ［J］. Multivariate Behavioral Research, 1990 (25): 173－180.

［187］ Strack F, Martin L. Thinking, judging and communicating: A process account of context effects in attitude surveys ［C］// Hippler H J, Schwarz N, Sudman S. Social information processing and survey methodology. New York: Springer Verlag, 1987: 123－148.

［188］ Stewart R, Thanos A, Robert H, et al. Modeling and improving human decision making with simulation ［C］// Proceedings of the 2001 Winter Simulation Conference. 2001: 13－18.

［189］ Street M D, Douglas S C, Geiger S W, et al. Theimpact of cognitive expenditure on the ethical decision-making process: The cognitive elaboration model ［J］. Organizational Behavior and Human Decision Processes, 2001 (86): 256－277.

［190］ Schneider W, Shiffrin R M. Controlled and automatic human information processing: Detection, search and attention [J]. Psychological Review, 1977, 84 (1): 1—66.

[191] Shefrin H M, Thaler R H. The behavioral life-cycle hypothesis [J]. Economic Inquiry, 1988: 609—643.

[192] Rustichini A J D, Dickhautb J, Ghirardato P, et al. A brain imaging study of the choice procedure [J]. Games and Economic Behavior, 2005, 52 (2): 257—282.

[193] Rosemary Stockdale, Craig Standing. An interpretive approach to evaluating information systems: A content, context, process framework [J]. European Journal of Operational Research, 2006 (173): 1090—1102.

[194] Sanfey A G, Rilling J R, Aronson J A, et al. The neural basis of econome decision-making in the ultimatum game [J]. Science, 2003, 300 (5626): 1755—1758.

[195] Sharp A. Organizational structure, Information technology and productivity: Can organizational change resolve the productivity [J]. Applied Research Branch Strategy Policy Human Resources Development Canada, 1999.

[196] Neisser U. Cognition and reality: Principles and implications of cognitive psychology [M]. San Francisco: W. H. Freeman and Company, 1976.

[197] Neter J, Waksberg J. A study of respon seewors in expenditures data from household interviews [J]. Journal of the American Statistical Associations, 1964 (59): 17—55.

[198] Nunally J C. Psychometric theory [M]. New York: McGraw-Hill, 1978.

[199] Rajiv K, Susan A. Measuring payoff of IT investments: Research issues and guidelines [J]. Committee of

Association for Information System, 2002, 14 (9): 241 – 268.

[200] Remenyi D. The effective measurement and management of IT costs and benefits [M]. Boston: Butterworth Heinemann, 2000.

[201] Remenyi D, Smith M S. Achieving maximum value from IS: A process approach [M]. New York: John Wiley & Sons Ltd. , 1997.

[202] Love P E D, Irani Z. Evaluation of IT costs in construction [J]. Automation in Construction, 2001, 8 (10): 649 – 658.

[203] Maskell B. Performance measures for world class manufacturing [J]. Management Accounting, 1989 (5): 32–33.

[204] Mckay J. The IT evaluation and benefits management lifecycle [M]. London: Idea Group Publishing, 2000.

[205] Meyerson B. Using a balanced scorecard framework to leverage the value delivered by IS [M]. London: Idea Group Publishing, 2000.

[206] Moschella D C. Waves of powers: Dynamics of global technology leadership 1964—2010 [M]. New York: AMACOM, 1997.

[207] Mussweiler T, Ttrack F. The relative self: Informational and judgemental consequence of comparative [J]. Journal of Personality and Social Psychology, 2000, 79 (1): 23 – 38.

[208] Kahneman D, Frederiek S. Representativeness revisited: Attribute substitution in intuitive judgment [C] //Gilovieh T. Heuristies and Biasesahe Psyehology of Intuitive

Judgments. London: Cambridge University Press, 2002.

[209] Kaplan R S, Norton D P. Putting the balanced score card to work [J]. Harvard Business Review, 1993 (71/5): 134—147.

[210] Klein G. Naturalistic decision making: Implications for design [J]. Crew System Economics Information Analysis Center: Wright-Patterson Air Force Base, OH, 1993: 1—182.

[211] Knight J. Performance measurement and strategy [M]. Chicago: Faulkner & Gray, 1996.

[212] Leippe M R, Eisenstadt D, Rauch S M, et al. Timing of eyewitness expert testimony, jurors need for cognition, and case strength as determinants of trial verdicts [J]. Journal of Applied Psychology, 2004 (89): 524—541.

[213] Joslin E O. Computer selection [M]. London: Addision Wesley, 1968.

[214] Kahneman D, Tversky A. Prospect theory: An analysis of decision under risk [J]. Econometrics, 1979, 47 (2): 263—291.

[215] James J J, Gary K J, Lin T M. IS service performance: Self-perceptions and user perceptions [J]. Information & Management, 2001 (38): 499—506.

[216] Flavell J H. Metacognition and cognitive monitoring: A new area of cognitive-developmental inquiry [J]. American Psychologist, 1979, 34 (10): 905—911.

[217] Garland R. A comparison of three forms of the semantic differential [J]. Marketing Bulletin, 1990 (1): 19—24.

[218] Gigerenzer Q, Regier T. How do we tell an association

from a rule? Comment on Sloman [J]. Psychological Bulletin, 1996 (119): 23—26.

[219] Guba E Q, Lincoln Y S. Fourth generation evaluation [M]. Newbury Park: Sage Publications, 1989.

[220] Hartung P, Blustein D R. Intuition and social justice: Elaborating on parson's career decision-making model [J]. Journal of Counseling & Development, 2002 (80): 41—47.

[221] Hastie R. Problems for judgment and decisionmaking [J]. Annual Review of Psychology, 2001 (52): 653—683.

[222] Hsee C K. The evaluability hypothesis: An explanation for preference reversals between joint and separate evaluations of alternatives [J]. Organizational Behavior and Human Decision Processes, 1996, 67 (3): 247—257.

[223] Drejer A, Rils J O. Competence development and technology: How learning and technology can be meaningfully integrated [J]. Technovation, 1999 (19): 631—644.

[224] Evans J. In two minds: Dual-processing accounts of reasoning [J]. Trends in Cognitive Sciences, 2003, 7 (10): 454—459.

[225] Farbey B, Land F, Target T D. Matching an IT project with an appropriate method of evaluation: A research note on "evaluating investments in IT" [J]. Journal of Information Technology, 1994, 9 (1): 239—243.

[226] Farbey B. Evaluating investments in IT: Findings and a framework, beyond the IT productivity paradox [M]. London: John Wiley & Sons Ltd. , 1999.

[227] Feeny D F, Willcocks L H. Core IS capabilities for

exploiting information technology [J]. Sloan Management Review, 1998, 39 (3): 9-11.

[228] Dorris M C, Glimcher P W. Monkeys as an animal model of human decision making during strategic interactions [J]. Submitted for Publication, 2003.

[229] Chartrand T L. The role of conscious awareness in consumer behavior [J]. Journal of Consumer Psychology, 2005 (15): 203-210.

[230] Chitcu A M, Kauffman R J. Limits to value in electronic commerce-related IT investments [J]. Journal of Management Information System, 2000, 9 (17): 59-80.

[231] Cohen M S, Freeman J T, Wolf S. Meta recognition intime stressed decision making: Recognizing, critiquing, and correcting [J]. Human Factors, 1996 (38): 206-219.

[232] Connolly T, Wagner W G. Decision Cycles: Advances in information processing in organizations [M]. Greenwich: JAI Press, 1988.

[233] Davern M J, Kauffman R J. Discovering potential and realizing value from information technology investments [J]. Journal of Management Information System, 2000, 16 (4): 121-143.

[234] Douglas A B. Measuring the need for cognition: Item polarity, dimensionality, and the relation with ability [J]. Personality and Individual Differences, 2006 (40): 819-828.

[235] Camerer C, Loewenstein G, Prelec D. Neuroscience: How neuroscience can inform economics [J]. Journal of

Economic Literature, 2005, 43 (1): 9—64.

[236] Camerer C F. Behavioral economics: Past, present, future [M]. Princeton: Princeton University Press, 2004.

[237] Cannell C F, Miller P V, Oksenberg L. Research on interviewing techniques [J]. Sociological Methodology, 1981: 389—437.

[238] Chartrand T L, Bargh J A. Automatic activation of social information processing goals: Nonconscious priming reproduces effects of explicit conscious instructions [J]. Journal of Personality and Social Psychology, 1996 (71): 464—478.

[239] Chartrand T L, Jefferis V E. The sage encyclopedia of social science research methods [J]. Thousand Uaks, CA: Sage Publications, 2004 (12): 854—855.

[240] Berghout E, Renkema T J. Methodologies for IT investment evaluation: A review and assessment [M]. London: Idea Group Publishing, 2001.

[241] Brancheau J C, Wetherbe J C. Key issues in information systems management [J]. MIS Quarterly, 1987, 3 (21): 23—45.

[242] Bresnahan T F, Brynjolfsson E, Hitt L M. Information technology, workplace organization, and the demand for skilled labor: Firm-level evidence [J]. Quarterly Journal of Economics, 2002 (117), 339—376.

[243] Brynjolfsson E, Hitt L. Paradox lost? Fine level evidence on the returns to IS spending [J]. Management Science, 1996, 42 (4): 541—558.

[244] Cacioppo J T, Petty R E. The need for cognition [J]. Journal of Personality and Social Psychology, 1982, 42 (1): 116-131.

[245] Cacioppo J T, Petty R E, Kao C E. The efficient assessment of need for cognition [J]. Journal of Personality Assessment, 1984, 48 (3): 306-307.

[246] Andresen J L. The framework for selecting an IT evaluation method [D]. Lyngby: Denmarks Teknisk University, 2001.

[247] Ballantine J A, Stray S J. Information systems and other capital investments: Evaluation practices compared [J]. Journal of Logistics and Information Management, 1999, 1 (12): 78-93.

[248] Banker R D, Charnes A, Cooper W W, et al. An introduction to data envelopment analysis with some of its models and their users [J]. Research in Government and Nonprofit Accounting, 1989 (5): 125-163.

[249] Barua A, Kriebel C H, Mukhopadhyay T. Information technologics and business value: An analytic and empirical investigation [J]. Information Systems Research, 1995, 6 (1): 3-23.

[250] Benedetto D M, Kumaran D, Seymour B, et al. Frames, biases, and rational decision-making in the human brain [J]. Science, 2006, 313 (5787): 684-687.

[251] Schew S. Early-warning and pre-control of controllable risks in marketing [J]. Marketing Science, 1993, 7 (5): 75-80.

[252] Pierre Giot, Laurent. Market risk in commodity markets: A VAR approach [J]. Energy Economics, 2003, 25 (5):

435—457.

[253] 饶艳超. ERP 系统实施对企业成本影响的实证分析 [J]. 财经研究，2005 (4).

[254] 杰拉尔德·温伯格，丹妮拉·温伯格. 系统设计的一般原理 [M]. 张铠，王佳，译. 北京：清华大学出版社，2004.

[255] Liu C，Hsu H，Wang S，et al. A performance evaluation model based on AHP and DEA [J]. Journal of the Chinese Institute of Industrial Engineers，2005，22 (3)：243 — 251.

[256] 廖小青，何家汉. 员工绩效管理系统的设计与实施 [M]. 广州：华南理工大学出版社，2002.

[257] Snell S A，Youndt M A，Wright P M. Establishing a framework for research in strategic human resource management：Merging resource theory and organizational learnings [A] //Strassman G R P. The business value of computers [C]. New Cannan：Information Economics Press，1990.

[258] Rynes S L，Gerhart B，Parks L. Personnel psychology：Performance evaluation and pay for performance [J]. Annual Review of Psychology，2005 (56)：571—600.

[259] Ferris G R，Munyon T P，Basik K，et al. The performance evaluation context：Social，emotional，cognitive，political，and relationship components [J]. Human Resource Management Review，2008，18 (3)：146—163.

[260] Robert D B，George T M. The current state of performance appraisal research and practice：Concerns，directions，and implications [J]. Journal of Management，1992，18 (2)：321—352.

[261] Baker G P. Incentive contracts and performance measurement [J]. The Journal of Political Economy, 1992, 100 (3): 598—614.

[262] Zhang H P, Yang Y J. Resistance distance and kirchhoff index ineirculant graphs [J]. International Journal of Quantum Chemistry, 2007 (107).

[263] Stephen O'Byrne. EVA and market value [J]. Journal of Applied Corporate Finance, 1996 (9).

[264] James L G. Foundations of EVA for investment managers [J]. Journal of Portfolio Management, 1996.

[265] Alexandros Papalexandris, George Ioannou, Gregory Prastacos, et al. An integrated methodology for putting the balance scorecard into action [J]. European Management Journal, 2005, 23 (2): 214—227.

[266] Julie M H, Willian S H. The evolution of networks: From emergence to early growth of firm [J]. Stragic Management Journal, 2001 (22): 275—286.

[267] David Teece, Gary Pisano, Amy Shuen. Dynamic capabilities and strategy management [J]. Strategy Management Journal, 1997, 18 (7): 509—533.

[268] Sloman S A. The empirical case for two systems of reasoning [J]. Psychological Bulletin, 1996 (119): 3—22.

[269] Chen K W, Mauborgne R. Value innovation: The strategy logic of high growth [J]. Harvard Business Review, 1997: 1—2.

[270] Christopher M T. An integrated model for the design of agile supply chain [J]. International Journal of Physical Distribution & Logistics Management, 2001, 31 (4): 235—

246.

[271] Zollo W. Deliberate learning and the evolution of dynamic capabilities [J]. Organization Science, 2002 (13): 339 - 351.

[272] Ho Yung-Ching, Tsai Tsu-Hsu. The impact of dynamic capabilities with market orientation and resource-based approaches on NPD project performance [J]. Journal of American Academy of Business, 2006 (8): 215-229.

附录一：影响基于移动互联网的协同型绩效评价系统关键因素调查问卷（前测问卷）

您好：

本调查的目的在于了解您对影响贵公司绩效评价效果的因素的重要程度的一些看法，以便科学地对员工进行绩效评价。您的意见对于我们的研究结论和有关部门的决策非常重要，恳请抽出五分钟的时间客观、真实地填写问卷。

谢谢您的支持与帮助！

本研究问卷共分为五个部分，第一部分为"基本资料"，第二部分是"易用期望量表"，第三部分为"帮助条件量表"，第四部分为"绩效期望量表"，第五部分为"组织影响量表"，第六部分为"云端运算量表"。

【第一部分】基本资料，请填入适当的选项：

01. 性别：□男　□女
02. 年龄：□20 岁以下　□21～30 岁　□31～40 岁　□41～50 岁　□51～60 岁　□60 岁以上
03. 年资：□1 年以下　□1～5 年　□6～10 年　□11～15 年　□15 年以上
04. 您从事人事业务经验：□1 年以下（含 1 年）　□2～3 年　□4～5 年　□6～7 年　□7 年以上

05. 之前使用移动互联网经验：□1 年以下（含 1 年）   □2～3 年   □4～5 年   □6～7 年   □7 年以上

06. 您目前服务单位：□机关   □企业

07. 您的职务：□主管   □非主管

08. 有关您使用移动互联网的频率，请问以下叙述中，何者最接近您的实际状况：
□   每天使用，且使用系统的时间经常超过 1 个小时
□   每天使用，但使用系统时间未超过 1 个小时
□   并未每天使用，但一周使用次数仍超过五次
□   偶尔使用，每周使用次数未超过五次
□   除非有特殊状况，否则极少使用

【第二部分】易用期望量表，这个部分在于了解您所感受到的移动互联网系统使用的难易程度。

	非常同意	比较同意	同意	不同意	非常不同意
1. 我觉得操作移动互联网系统是简单的					
2. 我觉得移动互联网是容易学习的					
3. 对我而言，要能很熟练地使用移动互联网系统是很容易的					
4. 我很容易就能记住如何使用移动互联网系统的方法					
5. 在使用移动互联网系统时，我能够很熟练地操作各子系统去做我想要它做的事					
6. 我觉得我从移动互联网系统得到的资信是清楚易懂的					

续表

	非常同意	比较同意	同意	不同意	非常不同意
7. 我觉得基于移动互联网的操作环境是友善具亲和性的					
8. 我觉得基于移动互联网的操作界面是容易理解的					
9. 我觉得操作移动互联网系统是有用的技能					
10. 整体来说，我觉得移动互联网系统是容易使用的					
11. 我觉得我可以很容易地从移动互联网 HR 系统得到我想要的知识及操作方式					

【第三部分】帮助条件量表，这个部分在于了解您所感受到的组织在相关政策、技术、设备及训练方面对移动互联网系统使用的支持程度。

	非常同意	比较同意	同意	不同意	非常不同意
1. 我觉得我拥有使用移动互联网系统必备的资源					
2. 对我的工作而言，使用移动互联网系统是重要的					
3. 我觉得我拥有使用移动互联网系统必备的知识					
4. 我觉得移动互联网系统无法与其他系统做整合					
5. 当我使用移动互联网 HR 系统有问题时，有特定的人或单位可以协助我					

	非常同意	比较同意	同意	不同意	非常不同意
6. 新北市政府或人事处有提供足够的移动互联网系统的教育训练					
7. 我觉得移动互联网系统可以提供我在业务上所需要的资信					
8. 我觉得移动互联网系统可以提供我在工作上即时的信息					
9. 我觉得移动互联网系统能提高资料正确性					
10. 我觉得移动互联网系统能提升工作品质					
11. 我对于信息部处理移动互联网系统问题的速度感到满意					
12. 我对于信息部移动互联网客服（含技术人员及移动互联网客服专线）服务感到满意					
13. 我对于新北市政府或人事处处理基于移动互联网的服务感到满意					
14. 我对于基于移动互联网的系统稳定性感到满意					
15. 我对于基于移动互联网的系统运算正确性感到满意					
16. 我对于基于移动互联网的系统存取速度感到满意					
17. 我对于基于移动互联网的系统业务流程设计感到满意					

【第四部分】绩效期望量表，这个部分在于了解您所感受到的使用移动互联网系统对您在工作上有所帮助的程度。

	非常同意	比较同意	同意	不同意	非常不同意
1. 我觉得使用移动互联网系统对我的工作是有帮助的					
2. 我觉得使用移动互联网系统可以让我快速地完成任务					
3. 我觉得使用移动互联网系统能改善我处理人事业务的绩效					
4. 我觉得使用移动互联网系统可以减少我的工作量					
5. 我觉得使用移动互联网系统可以提高我的工作效果					
6. 我觉得使用移动互联网系统让我执行工作更容易					
7. 对我的某些工作来说，使用移动互联网系统是必要的					
8. 移动互联网系统包含了与我工作相关的资信					
9. 与 Pemis2k 相比，我觉得移动互联网系统对我的工作更有助益					
10. 我觉得移动互联网系统的效能是好的					
11. 我对于移动互联网系统整体品质感到满意					
12. 对我而言，使用移动互联网系统的成果是显而易见的					
13. 我认为移动互联网与我的使用认知有差异					

	非常同意	比较同意	同意	不同意	非常不同意
14. 如果不是强迫性的话，我不太愿意使用移动互联网系统					
15. 我使用移动互联网系统，但不表示我乐意接受它					
16. 我觉得移动互联网系统还有很多改善空间					

【第五部分】组织影响量表，这个部分在于了解您使用移动互联网系统时遭受他人影响的程度

	非常同意	比较同意	同意	不同意	非常不同意
1. 我是因业务需要才使用移动互联网 HR 系统的					
2. 我很愿意去使用移动互联网系统					
3. 我经常想去使用移动互联网系统					
4. 我很乐意接受移动互联网系统					
5. 我觉得使用移动互联网系统是不错的经验					
6. 我周遭的同事均熟练地使用移动互联网系统					
7. 未来我打算多使用移动互联网系统					
8. 我所处理的业务问题通常与使用移动互联网系统无相关性					
9. 我经常处理非例行性的工作					

续表

	非常同意	比较同意	同意	不同意	非常不同意
10. 我经常遇到特别、非常规的业务问题					
11. 我的主管关切并支持我使用移动互联网系统					

【第六部分】云端运算量表，这个部分在于了解您使用移动互联网系统时是否感受到云端科技的便利性。

	非常同意	比较同意	同意	不同意	非常不同意
1. 我觉得基于移动互联网的网络效能是好的					
2. 我觉得通过 ECPA 使用移动互联网是不方便的					
3. 我觉得在家也可使用移动互联网，让我觉得我更能掌握我的工作					
4. 我觉得使用移动互联网使我更能掌握时间，较 Pemis2k 更能兼顾我兼办机关或学校的业务					
5. 我相信网路有足够的防护机制，让我能自在地使用资料					
6. 我相信基于移动互联网的科学技术的发展，能让使用者在网络上安全交易					
7. 我可以信任移动互联网系统（包括资料保密）					

	非常同意	比较同意	同意	不同意	非常不同意
8. 利用基于移动互联网的网络传送信息时，我无法确定资信是否正确地传递					
9. 我相信移动互联网系统可以抵抗外来的攻击（如黑客入侵）					
10. 整体来说，我觉得移动互联网是一个稳健且安全的操作环境					

如果您对本研究的结果有兴趣，请留下您的 E-mail。在研究完成后，我们地尽快将研究结果摘要寄给您。

收件者：＿＿＿＿＿＿＿＿＿＿＿＿＿＿＿＿＿＿＿＿＿＿

E-mail：＿＿＿＿＿＿＿＿＿＿＿＿＿＿＿＿＿＿＿＿＿

谢谢您！这份问卷到此结束，请检查是否已填答所有问项，再次感谢您的配合。

附录二：影响基于移动互联网的协同型绩效评价体系的关键因素调查问卷

各位朋友：

你们好！

为了提升绩效评价的效度，完善公司绩效管理制度，并达到有的放矢的目的，现对公司员工进行不记名调查。恳请您从公司及自身的利益出发，积极配合，认真、翔实地填写该调查表。同时，为耽误您的工作时间表示歉意！

谢谢您的支持与合作！

一、个人基本信息（请在符合您情况的选项字母上打"√"）

（1）您的性别：

A. 男；B. 女

（2）您的年龄：

A. 20 岁以下；B. 21～30 岁；C. 31～40 岁；D. 41～50 岁；E. 51～60 岁

（3）您的文化程度：

A. 初中及以下；B. 高中（中专、技校）；C. 大专；D. 本科；E. 硕士及以上

（4）您的工种：

A. 生产；B. 服务；C. 管理；D. 研发；E. 销售；F. 其他

（5）您的职位：

A. 公司高层管理人员；B. 部门正、副经理；C. 车间正、副主任；D. 正、副主管；E. 正、副班长；F. 组长；G. 专业技术人员；I. 其他

（6）贵公司的性质：

A. 国有独资；B. 国有控股；C. 外商独资；D. 私营；E. 混合所有制

（7）贵公司规模：

A. 大型；B. 中型；C. 小型；D. 微型

（8）贵公司所在的行业：

A. 住宿和餐馆业；B. 生物与医药业；C. 交通运输业；D. 计算机服务及软件；E. 房地产业；F. 农林牧渔业；G. 金融业；I. 其他

（9）您入公司的年限：

（10）您工作的年限：

（11）您所在的省市：

二、绩效评价体系满意度（请在符合您情况的选项数字上打"√"）

1. 您认为公司绩效评价体系是否合理？

（1）非常合理；（2）较合理；（3）不确定；（4）不合理；（5）非常不合理

2. 您认为影响贵公司绩效评价体系因素有哪些？请按照因素的重要性从高到低排列：

（1）经济；（2）文化；（3）客户满意度；（4）客户忠诚度；（5）民情；（6）企业组织结构与组织形式；（7）企业战略目标；（8）企业文化；（9）企业创新机制；（10）企业绩效信息平台支持系统；（11）移动设备使用多寡；（12）信息准确采纳状况；（13）企业管理制度的规范程度；（14）高层管理者的态度；（15）中层管理者的执行力；（16）评价主体对被评价者工作状态的了解程度；

（17）员工的绩效评价参与意识；（18）员工忠诚度；（19）绩效薪酬的幅度；（20）绩效评价应用状况；（21）绩效评价体系本身科学完备性；（22）绩效目标准确程度；（23）评价主体；（24）评价客体；（25）评价方法；（26）指标体系；（27）评价评估与反馈

3. 您认为影响贵公司绩效评价效果的外部因素有哪些？请按照因素的重要性从高到低排列：

（1）经济；（2）文化；（3）客户满意度；（4）客户忠诚度；（5）民情；（6）社会；（7）产业政策；（8）竞争对手

4. 人均 GDP 对绩效评价公正性的影响程度：

（1）非常大；（2）比较大；（3）一般；（4）没有影响；（5）根本没有影响

5. 人情世故的浓度对绩效评价公正性的程度：

（1）非常大；（2）比较大；（3）一般；（4）没有影响；（5）根本没有影响

6. 在职职工平均工资水平对绩效评价公正性的影响程度：

（1）非常大；（2）比较大；（3）一般；（4）没有影响；（5）根本没有影响

7. 在职职工平均工资水平对绩效评价信息公正性的影响程度：

（1）非常大；（2）比较大；（3）一般；（4）没有影响；（5）根本没有影响

8. 城镇人均可支配收入对绩效评价体系信息获得影响程度：

（1）非常大；（2）比较大；（3）一般；（4）没有影响；（5）根本没有影响

9. 客户反映员工工作状态的真实性对协同型绩效评价体系的影响程度：

（1）非常大；（2）比较大；（3）一般；（4）没有影响；（5）根本没有影响

10. 客户反映员工工作状态的及时性对协同型绩效评价体系的

影响程度：

（1）非常大；（2）比较大；（3）一般；（4）没有影响；（5）根本没有影响

11. 您认为影响贵公司绩效评价效果的内部因素有哪些？请按照因素的重要性从高到低排列：

（1）企业组织结构与组织形式；（2）企业战略目标；（3）企业文化；（4）企业创新机制；（5）企业绩效信息平台支持系统水平；（6）移动设备使用多寡；（7）信息准确采纳状况；（8）企业管理制度的规范程度；（9）高层管理者的态度；（10）中层管理者的执行力；（11）评价主体对被评价者工作状态的了解程度；（12）员工的绩效评价参与意识；（13）员工忠诚度；（14）绩效薪酬的幅度；（15）绩效评价应用状况

12. 企业组织结构与组织形式对协同型绩效评价体系的影响程度：

（1）非常大；（2）比较大；（3）一般；（4）没有影响；（5）根本没有影响

13. 企业战略目标对协同型绩效评价体系的影响程度：

（1）非常大；（2）比较大；（3）一般；（4）没有影响；（5）根本没有影响

14. 企业文化对协同型绩效评价体系的影响程度：

（1）非常大；（2）比较大；（3）一般；（4）没有影响；（5）根本没有影响

15. 企业创新机制对协同型绩效评价体系的影响程度：

（1）非常大；（2）比较大；（3）一般；（4）没有影响；（5）根本没有影响

16. 企业绩效信息平台支持系统技术水平高低对协同型绩效评价体系的影响程度：

（1）非常大；（2）比较大；（3）一般；（4）没有影响；（5）根

本没有影响

17. 移动设备使用多寡对协同型绩效评价体系的影响程度：

（1）非常大；（2）比较大；（3）一般；（4）没有影响；（5）根本没有影响

18. 信息准确采纳状况对协同型绩效评价体系的影响程度：

（1）非常大；（2）比较大；（3）一般；（4）没有影响；（5）根本没有影响

19. 企业管理制度的规范程度对协同型绩效评价体系的影响程度：

（1）非常大；（2）比较大；（3）一般；（4）没有影响；（5）根本没有影响

20. 高层管理者的态度对协同型绩效评价体系的影响程度：

（1）非常大；（2）比较大；（3）一般；（4）没有影响；（5）根本没有影响

21. 中层管理者的执行力对协同型绩效评价体系的影响程度：

（1）非常大；（2）比较大；（3）一般；（4）没有影响；（5）根本没有影响

22. 员工的绩效评价参与意识对协同型绩效评价体系的影响程度：

（1）非常大；（2）比较大；（3）一般；（4）没有影响；（5）根本没有影响

23. 员工忠诚度对协同型绩效评价体系的影响程度：

（1）非常大；（2）比较大；（3）一般；（4）没有影响；（5）根本没有影响

24. 绩效薪酬的幅度对协同型绩效评价体系的影响程度：

（1）非常大；（2）比较大；（3）一般；（4）没有影响；（5）根本没有影响

25. 绩效评价应用状况对协同型绩效评价体系的影响程度：

（1）非常大；（2）比较大；（3）一般；（4）没有影响；（5）根本没有影响

26. 您认为影响贵公司绩效评价效果的体系本身因素有哪些？请按照因素的重要性从高到低排列：

（1）绩效评价体系结构科学完备性；（2）绩效目标分解的准确程度；（3）评价主体；（4）评价客体；（5）评价方法；（6）指标体系；（7）权重；（8）评价评估与反馈；（9）绩效评价应用状况

27. 绩效评价体系结构科学完备性对协同型绩效评价体系的影响程度：

（1）非常大；（2）比较大；（3）一般；（4）没有影响；（5）根本没有影响

28. 绩效目标分解的准确程度对协同型绩效评价体系的影响程度：

（1）非常大；（2）比较大；（3）一般；（4）没有影响；（5）根本没有影响

29. 评价主体对被评价者的工作状态了解程度对协同型绩效评价体系的影响程度：

（1）非常大；（2）比较大；（3）一般；（4）没有影响；（5）根本没有影响

30. 评价主体公正性对协同型绩效评价体系的影响程度：

（1）非常大；（2）比较大；（3）一般；（4）没有影响；（5）根本没有影响

31. 评价方法对协同型绩效评价体系的影响程度：

（1）非常大；（2）比较大；（3）一般；（4）没有影响；（5）根本没有影响

32. 您清楚贵公司绩效评价指标体系是怎么制订的吗？

（1）非常清楚；（2）比较清楚；（3）一般；（4）不清楚；（5）非常不清楚

33. 您认为现有的绩效评价指标及权重符合您的岗位要求吗？

（1）非常符合；（2）比较符合；（3）一般；（4）不符合；（5）非常不符合

34. 您认为根据现有的指标体系进行考核能反映出您岗位的真实工作效率吗？

（1）非常真实；（2）比较真实；（3）一般；（4）不真实；（5）非常不真实

35. 您与管理者沟通的效果会怎么样？

（1）非常好；（2）比较好；（3）一般；（4）比较差；（5）非常差

36. 您希望从管理者那里得到绩效反馈吗？

（1）非常想；（2）比较想；（3）一般；（4）不想；（5）根本不想

37. 您对完善协同型绩效评价体系是否还有其他更好的意见和建议，如有，请您写在下面：

如果您对本研究的结果有兴趣，请留下您的 E-mail。在研究完成后，我们会尽快将研究结果摘要寄给您。

收件者：＿＿＿＿＿＿＿＿＿＿＿＿＿＿＿＿＿＿＿＿＿＿＿＿

E-mail：＿＿＿＿＿＿＿＿＿＿＿＿＿＿＿＿＿＿＿＿＿＿＿＿

谢谢您！这份问卷到此结束，请检查是否已填答所有问项，再次感谢您的配合。

附录三：基于移动互联网的协同型绩效评价系统施行后的绩效评价满意度调查问卷

亲爱的同仁们：

感谢您的热情参与，这份问卷是为了了解您对最近公司绩效评价的看法，您的宝贵意见对本研究十分重要，也对贵公司未来开发基于移动互联网的信息系统以及业务协处及改进上有极重要的帮助，请各位就公司自移动互联网上线后的使用状况及运用情形认真填答。感谢您的宝贵意见！同时，为耽误您的工作时间表示歉意！

谢谢您的支持与合作！

一、个人基本信息（请在符合您情况的选项字母上打"√"）

（1）您的性别：

A. 男；B. 女

（2）您的年龄

A. 20 岁以下；B. 21～30 岁；C. 31～40 岁；D. 41～50 岁；E. 51～60 岁

（3）您的文化程度：

A. 初中及以下；B. 高中（中专、技校）；C. 大专；D. 本科；E. 硕士及以上

（4）您的工种：

A. 生产；B. 维修；C. 管理；D. 技术；E. 其他

（5）您的职位：

A. 正、副经理；B. 车间正、副主任；C. 正、副主管；D. 正、副班长；E. 专业技术人员；F. 组长；G. 其他

（6）您入公司的年限：

（7）您工作的年限：

二、绩效评价满意度（请在符合您情况的数字对应框内打"√"）

基于移动互联网的协同型绩效评价系统施行之后，你同意以下指标得到了优化改良		←同意/强			不同意/弱→			
		7	6	5	4	3	2	1
企业文化	团队合作精神							
	员工职业操守							
	员工网络知识技能							
评价主体	对员工工作状态了解							
	对员工工作内容熟悉							
	公正客观							
指标评价系统	指标设置合理							
	权重设置合理							
	评价方法设置合理							
	评价方法运用合理							
评估与反馈	反馈渠道畅通							
	反馈及时有效							
	评估客观							
系统性能	信息网络平台技术良好							
	系统挖掘信息技术良好							
	系统流程设计合理							
	系统操作界面简单							

续表

基于移动互联网的协同型绩效评价系统施行之后，你同意以下指标得到了优化改良		←同意/强　　　不同意/弱→						
		7	6	5	4	3	2	1
系统服务	企业支持度高							
	员工绩效产出报酬							
	员工相应技能培训							
绩效信息流通协同	岗位职能及分级							
	公司政策执行							
	降低错误率							
	信息质量可靠							
	信息收集便捷							
绩效信息响应协同	企业员工、主管、客户之间沟通的协同							
	绩效评价系统与人才招募之间协同							
	绩效评价系统与岗位轮换之间协同							
	员工绩效与绩效激励之间协同							
	企业内部部门之间知识共享的协同							
绩效评价系统协同	员工绩效与岗位绩效产出协同							
	员工绩效与岗位绩效重要性协同							
	绩效评价系统的单元调整协同							
	绩效评价系统的单元调整协同效率高							
	绩效评价系统协同效果好							